AF293359

Michaela Daum

Plötzlich allein... und nun?

Mein Weg durch die Trauer

Für Dieter...
Danke für eine schöne Zeit
Du bist unvergessen und immer geliebt

Inhaltsverzeichnis

Einführung

Es ist der 24.05.2014. Ein sonniger Samstag im Mai. Für viele ein ganz normales Wochenende mit den üblichen Vergnügungen im Frühjahr.
Ich werde den Tag später meinen „Tag X" nennen. Der Tag an dem ich ein neues Leben beginnen musste. Ein Neubeginn, den ich mir nicht ausgesucht habe. Ein Neubeginn, bei dem ich nicht gefragt wurde.

Es ist der Todestag meines Mannes.
Am Abend vorher haben wir noch zusammen gegessen und nicht mal 24 Stunden später ist er nicht mehr da. Nichts ist mehr wie vorher. Es ist nicht mal vorstellbar, dass es überhaupt weiter geht.
Und doch tut es das und oft mit einer Normalität, die für mich noch heute unvorstellbar ist.

Mein Mann, der sich sehr für Fußball interessiert hat, ist nicht mehr da und die deutschen Männer spielen und gewinnen eine Weltmeisterschaft, als sei nichts geschehen. Wie geht das?

Einige Teile von mir sind am 24.05.2014 auch gestorben. Es gibt Dinge, die ich nicht mehr machen kann. Orte die ich nicht mehr aufsuchen möchte. Sendungen im Fernsehen, die ich nicht mehr schauen kann. So ist es bis heute undenkbar für mich die „Hessenschau" im Fernsehen anzuschalten, da diese so fest mit meinem Mann verbunden ist.

Aber es gibt mich auch jetzt über viereinhalb Jahre später noch, auch wenn ich mir das nicht vorstellen konnte. Es gibt mich noch, aber verändert, und ich finde gut, dass es eine Veränderung gegeben hat.

Es war ein langer und harter Weg bis hierher. Ein Weg mit vielen Tränen, aber auch schönen Erinnerungen.

Ein Weg mit vielen Abschieden, Neuanfängen und dem Wissen, dass er noch nicht zu Ende ist. Das die Trauer immer bei mir bleiben wird, aber auch das Wissen, dass sie sich verändert hat.

In diesem Buch erzähle ich von Dieter und mir und davon, wie ich ohne ihn meinen Weg suchen musste.

Warum habe ich es geschrieben? Weil ich mir in der Zeit schlimmsten Trauer ein solches Buch gewünscht hätte. Ich habe mir viele Bücher besorgt von Fachleuten die erklärt haben, was Trauer ist und wie sie in Phasen abläuft. Meine Gefühle waren anders, ich schaffte es nicht sie den jeweiligen Phasen zuzuordnen zumal sie sich auch oft im Minutentakt änderten.

Auf der Internet Seite von „www.verwitwet.de" fand ich im Forum Menschen die von Trauer erzählten, so wie ich sie erlebte. Von Gefühlschaos, Wut, und Hilflosigkeit. Sie erzählten wie es ihnen direkt nach dem Tod des geliebten Menschen ging und berichteten davon, wie sie Aufgaben meisterten.

Genau das habe ich versucht in diesem Buch zu erzählen.

Meinen Weg nach „Tag X".
Seit Jahren habe ich das Gefühl, dass dieses Buch geschrieben werden will. In einfachen verständlichen Worten. Hoffentlich nachfühlbar. Wenn nur einer sagt es habe ihm etwas geholfen, etwas Zuversicht gegeben…
Für mich bedeutet das Schreiben noch einmal zurück zu blicken und vielleicht noch etwas los zu lassen.

Es gibt viele Geschichten die sich mit Trauer oder Hoffnung beschäftigen und deshalb auch ihren Einsatz bei der Arbeit in Trauergruppen finden. Einige möchte ich Ihnen in diesem Buch vorstellen.

Michaela Daum

<u>Indianische Weisheit</u>

„Großer Geist, bewahre mich davor, über einen Menschen zu urteilen, ehe ich nicht eine Meile in seinen Mokassins gegangen bin.“

Unbekannt

Unsere Familie

Ich denke bevor ich von unserem Verlust erzähle, sollte ich versuchen zu beschreiben, wer wir vor dem „Tag X" waren. „Tag X", so nenne ich den Todestag meines Mannes.

Wir lernten uns kennen, als er knapp Mitte 50 und ich knapp Mitte 30 Jahre alt waren. Es schlug ein wie der buchstäbliche Blitz. Die 20 Jahre Altersunterschied, die mich erst zum schlucken brachten, standen letztendlich nie im Weg. Dieter wirkte aufgrund seines Aussehens und Auftretens allerdings auch nicht wie über 50 Jahre. Sein Motto war „für immer jung". Später als die Krankheiten zunahmen, sollte dieses Motto eine Bürde werden. Aber bleiben wir im Jahr 1996. Hier trafen nun eine sehr konservativ lebende Frau und ein Lebemann aufeinander. Ich, die damals auch schon seit 16 Jahren bei einem Arbeitgeber war, die nie aus ihrem Geburtsort weggegangen ist und die am liebsten immer glücklich in der ersten Beziehung geblieben wäre, trifft auf einen Mann, der viele Berufe gelernt hat, der so oft umgezogen ist dass der Platz im grauen Personalausweis nicht gereicht hat und der einfach lebt. Eine vollkommen neue Welt tat sich auf.
Leider hatte die erste Beziehung nicht gehalten, so stand ich gesundheitlich sehr angeschlagen mit 3 kleinen Kindern da. Dieter brachte die Sonne in mein Leben. Mir ging es gesundheitlich besser.

In seinem Armen hatte ich, bei einer Begrüßung als er von einer Reha kam auf einem nassen kalten Parkplatz, nach einer nicht einfachen Kindheit und Ehe zum ersten Mal im Leben das Gefühl zuhause zu sein.

Er schenkte mir im Lauf dieser Begrüßung eine Kassette die er mir zusammen gestellt hat. Neben anderer Liedern war auf dieser das Lied „Komm in meine Arme„ von Stefan Waggershausen.

Im Text heißt es unter anderem: „...solange ich dich halte bist du sicher, dass verspreche ich dir...“

Besser kann man unser Zusammensein nicht beschreiben. Ich habe mich so sicher bei ihm gefühlt, noch einen Abend vor „Tag X“ in seinen Armen in unserer Küche und das obwohl es ihm schon da nicht gut ging.

Wir zogen ziemlich schnell zusammen. Die Kinder akzeptierten ihn Gott sei Dank als Freund. Er durfte etwas der Vater bei ihnen sein.

Ich durfte in dieser Beziehung wachsen. Lernte meine Grenzen kennen, nein zu sagen. Merkte das ich mir etwas zutrauen durfte und ging auch beruflich viele Schritte nach oben.

Insgesamt wurde ich durch ihn sichtbar, traute mich Kleidung und Farben zu verändern.

Wir lebten über Jahre hinweg das, was ich mir von Kindheit an gewünscht hatte. Familie in der man sich achtet. Miteinander redet, lacht und da ist, wenn es mal nicht so läuft.

Ich bin mit Ver- und Geboten aufgewachsen und steckte in diesen fest. Dieter hat, wofür ich ihm ewig dankbar sein werde, verhindert, dass ich diese aus Angst ungefiltert an meine Kinder weiter gegeben habe.
Auch meine Kinder trauten sich plötzlich etwas zu, wurden offener.

Freunde sprachen davon dass Dieter und ich eine Seelenverwandtschaft hätten. Auf einer der Trauerkarten stand: „Ihr wart wie ein Puzzle mit zwei Teilen". Irgendwie war dem wohl auch so.
Wir spürten auch über Entfernung, wenn es dem anderen nicht gut ging. Ich lernte offener zu sein.
Er lernte durch mich, dass es auch manchmal erforderlich ist, behördliche Dinge zu erledigen :-). Da er kurz nach unserem Zusammenziehen aus gesundheitlichen Gründen nicht mehr tätig sein konnte, bekam er durch unsere Patchworkfamilie eine Aufgabe. Er bekochte uns und war für große Teile des Haushaltes zuständig, sodass uns wenn ich von der Arbeit kam, mehr Zeit für uns blieb.
Zu unserer Patchworkfamilie gehörten außer meinen noch vier Kinder von Dieter, die allerdings nicht bei uns wohnten.

Dieter war derjenige, der uns bei Erkältungen „Gesundmachsuppe" kochte mit einer Extraportion Rosenkohl (mein Lieblingsgemüse), wenn es mich erwischt hatte.
Er las mir Kishongeschichten vor und irgendwann erstellte

er mir ein Hörbuch damit. Ein so wertvolles Geschenk, denn damit bleibt mir seine Stimme erhalten.

Er war derjenige, der mich mitten in der Nacht weckte, weil ihm ein neues Rezept eingefallen war, was er uns am darauf folgenden Tag kochen wollte.

Wir kauften zusammen ein Haus und schafften damit uns beiden ein zuhause.

Wie in jeder Beziehung war es auch bei uns nicht nur eitel Sonnenschein. Es gab manches Gewitter und auch mal die Frage, ob es weiter geht.
Es ging immer weiter, weil es tief im Inneren klar war. Er ist meine Sonne… mein Leben.

Bild

Ewigkeit des Lebens

Wenn Dir jemand erzählt,
dass die Seele mit dem Körper zusammen vergeht
und dass das, was einmal tot ist,
niemals wiederkommt, so sage ihm:
Die Blume geht zugrunde,
aber der Samen bleibt zurück und liegt vor uns,
geheimnisvoll, wie die Ewigkeit des Lebens.

(Khalil Gibran)

Der Tag der alles verändert

Als ich am Freitag von der Arbeit komme, sitzt mein Mann im Esszimmer um mit mir, so wie wir es täglich gemacht haben, einen Kaffee zu trinken und mit mir über den bisherigen Tag zu reden.
Er wirkt heute anders, ruhiger, etwas abwesend und, was mich beunruhigt, seine Fingernägel wirken so blau. Ich mache Dieter darauf aufmerksam. Versuche, wie so oft in den letzten Tagen, in dazu zu bewegen, dass er zum Arzt geht. Er sagt es sei alles in Ordnung und er brauche keinen Arzt, nur etwas Ruhe.
Er möchte sich mit mir auf das Sofa setzen. Dieter legt seinen Kopf in meinen Schoß und schläft ein. Eigentlich hätte ich zu einer Beerdigung gemusst, in Gedanken entschuldige ich mich bei der Verstorbenen, bleibe auf dem Sofa sitzen und streichle Dieter`s Kopf.

Zum Abendessen kommen neben meinem Sohn auch meine Tochter, ihr Partner und mein Enkel.
Dieter beteiligt sich heute nicht aktiv am Gespräch. Während des Essens beginnt er in einem Schrank nach Tabletten für meine Rückenschmerzen zu suchen. Mir macht es Angst, denn ich habe keine Rückenschmerzen und auch nicht nach Tabletten gefragt.
Es ist offensichtlich, hier stimmt etwas nicht. Wir vermuten, dass er zu wenig Sauerstoff bekommt. Ein Sauerstoffgerät steht bereits seit Monaten unbenutzt bei

uns im Wohnzimmer. Dieter hat es bis jetzt abgelehnt, da er meint, er benötigt es nicht. Heute aber sagt er, dass er es ab morgen benutzen will. Alleine diese Ankündigung führt bei meinem Sohn und mir zur Erleichterung. Da wir nicht mehr genau wissen wie das Gerät funktioniert, kommt ein bekannter Arzt vorbei und erklärt es uns. Dabei untersucht er Dieter. Dieser erscheint jetzt wieder klarer. Unterhält sich mit unserem Bekannten, lacht noch über meine Überfürsorglichkeit. Der Bekannte bemerkt, dass Dieter leichtes Fieber hat. Er hört Lunge und Herz ab. Beides ist soweit in Ordnung. Der Bekannte geht davon aus, dass Dieter sich einen leichten Infekt geholt hat und einfach etwas Ruhe benötigt.

Wir gingen schlafen. Doch wie so oft in den vergangenen Tagen und Wochen war an Schlaf nicht zu denken. Mein Mann kam nicht zur Ruhe. Hinlegen, aufsetzen, hinlegen, dabei Atemnot mit Hyperventilation. Verzweiflung bei mir, ich wollte helfen, wusste aber nicht wie. Einen Arzt lehnte mein Mann weiterhin ab. Irgendwann konnte ich nicht mehr, war nur noch müde und ging in ein anderes Zimmer zum schlafen, etwas was ich mir bis heute nicht verzeihe. Auch im anderen Zimmer war für mich nicht an Schlaf zu denken und als Dieter nach mir rief, ging ich sofort wieder zu ihm.
Jetzt endlich, es war inzwischen nachts gegen halb drei, durfte ich einen Arzt rufen. Dieter rief, der Arzt solle sich beeilen, die Hyperventilation nahm zu. Ich holte meinen Sohn der dem Krankenwagen und Notarzt den Weg zeigte.

Es konnte kein Blutdruck gemessen werden, da Dieter so unruhig war, eine Untersuchung, welcher Art auch immer, war nicht möglich. Ich hockte mich hinter ihm auf das Bett und streichelte ihm über den Rücken und er sagte, was ich heute weiß, seine letzten Worte: „Es tut so gut was meine Frau macht", woraufhin der Notarzt entgegnete: „dann soll ihre Frau mal weiter machen".
Nachdem die Beruhigungsmittel wirkten, trugen sie Dieter die Treppe herunter, dabei berührte er die Wand. Für mich sah es aus wie ein Streicheln. Als verabschiede er sich von unserem Hexenhaus. Meine Unruhe und Angst verstärkten sich.

Mein Sohn und ich folgten dem Krankenwagen in unserem Auto. Wir sprachen von unserer Angst. Es war inzwischen 6 Uhr morgens.
Die Wartezeit begann, wir standen im Warteraum für Notfälle und hörten auf das Ticken der Uhr.
Mein zweiter Sohn erschien verzweifelt, weil er am letzten Abend nicht beim Essen war. Die Angst war spürbar, Gebete konnten nicht mehr beruhigen.
Gegen halb acht sahen wir wie Dieter ohne Bewusstsein in den Aufzug geschoben wurde. Ein Arzt sagte uns, dass er auf die Intensivstation gebracht würde, sie im Moment noch nicht mehr sagen könnten. Wir durften kurz zu ihm, sollten dann jedoch erst einmal gehen und in zwei Stunden wieder da sein. Meine Söhne und ich fuhren nach hause, versuchten vergeblich uns etwas auszuruhen. Nachdem wir eine Kleinigkeit gegessen haben waren wir

kurz vor 10 wieder auf der Intensivstation. Dieter lag verkabelt weiter ohne Bewusstsein auf der Intensivstation. Der Oberarzt sagte uns, dass es nicht das Herz wäre. Es wären alles Dinge, die man in den Griff bekommt. Was allerdings der Sauerstoffmangel gemacht hätte, könnte man erst in 24 Stunden sagen.

Erleichterung pur, besser kann ich das Gefühl nicht beschreiben. Alles Dinge die man in den Griff bekommt. Dieter wird wieder gesund, alles bleibt so wie es ist. Wir haben noch einmal Glück gehabt. Nach einiger Zeit sollten wir die Intensivstation wieder verlassen. Wir sagten, dass wir in zwei Stunden wieder da sind.

Nach einem Aufenthalt in der Kapelle der Klinik beschlossen wir kurz etwas zu essen und anschließend, da ja Samstag war, etwas für Sonntag einkaufen zu fahren.

Wir waren auf dem Rückweg als mein Handy klingelte. Eine Ärztin aus der Klinik, der Zustand meines Mannes habe sich verschlechtert, man müsse mit dem Schlimmsten rechnen und wir sollten vorbeikommen. Ab diesem Zeitpunkt hatte ich das Gefühl teils zu funktionieren und teils von meinen Söhnen geführt zu werden. Diese riefen ihre Schwester und meine Stiefsöhne an und sagten ihnen, sie sollen in die Klinik kommen. Auch wir machten uns auf dem Weg. Auf dem Parkplatz habe ich gesagt, dass ich das nicht kann und nicht mit in die Klinik gehe. Irgendwo in mir war die Vorstellung, dass Dieter nicht stirbt, wenn ich nicht da bin. Doch meine Söhne sagten mir, dass ich mit muss, dass wir das jetzt zusammen durchstehen müssen.

Klingeln, warten bis wir auf die Intensivstation gelassen werden.

Was ist in den 1,5 Stunden in denen wir nicht da waren mit Dieter passiert? Diese Frage habe ich mir damals gestellt und sie beschäftigt mich noch heute. Er ist weiterhin nicht bei Bewusstsein, hat zwischenzeitlich einen Luftröhrenschnitt bekommen, da die Atmung ausgesetzt hat. Die Kinder sind alle da, wir unterhalten uns abwechselnd mit Dieter, sagen ihm, wie sehr wir ihn brauchen. Erzählen Geschichten von unserem Zusammenleben. Die Pflegekräfte kommen immer wieder, kontrollieren die Geräte. Weiterhin kann uns niemand sagen, was eigentlich los ist, was Dieter fehlt. Es ist kurz nach 15 Uhr als eine Ärztin uns sagt, dass sie jetzt noch eine Möglichkeit haben, sie noch ein Medikament geben. Wieder beten, letzte Hoffnung. Ich sehe auf das Gerät, welches den Blutdruck anzeigt. Dieser sinkt und sinkt bis es einen Wert anzeigt, bei welchem mir klar wird, dass es mein Mann nicht schaffen kann.

Ich sehe eine einzelne Träne aus dem rechten Auge meines Mannes kommen und wische sie ihm auf der Wange ab. „Warum weint mein Mann?", frage ich eine anwesende Krankenschwester. Doch diese meint, es wäre nur Tränenflüssigkeit, welche durch die Bewusstlosigkeit läuft. Es bleibt jedoch bei dieser einzelnen Träne. Heute weiß ich, dass viele Sterbende eine Träne weinen. Als Zeichen, „Ich bin traurig von euch zu gehen aber ich gehe zufrieden"?

Die Ärztin erscheint, sie sagt mein Mann sei noch da um

sich von mir zu verabschieden. „Nein, nein!" schreit es in mir. Er kann mich nicht allein lassen und er verabschiedet sich ja nicht, er spricht nicht mit mir. Doch es ist so, dass die Ärzte nichts mehr tun können.

Was ich jetzt noch tun kann, die Hand halten und meinem Mann sagen wie sehr ich ihn liebe, wie gern ich ihn behalten will, aber dass ich auch verstehe, wenn er nicht mehr kann und gehen will.

Fünf Minuten später, es ist 16.19 Uhr, bin ich mit den Kindern alleine.

Die Legende vom Senfsamen

In einem fernen Land lebte eine Frau, deren einziger Sohn
starb. In ihrem
Kummer ging sie zu einem heiligen Mann und fragte ihn:
„Welche Gebete und Beschwörungen kennst du, um
meinen Sohn wieder zum Leben zu erwecken?"

Er antwortete ihr:„ Bring mir einen Senfsamen aus einem
Hause, das niemals Leid kennen gelernt hat. Damit werden
wir den Kummer aus deinem Leben vertreiben."

Die Frau begab sich auf die Suche nach dem Zauber-
Senfkorn. Auf ihrem Weg kam sie bald an ein prächtiges
Haus, klopfte an die Tür und sagte:„ Ich suche ein Haus,
das niemals Leid erfahren hat. Ist dies der richtige Ort? Es
wäre wichtig für mich ."

Die Bewohner des Hauses antworteten ihr:„ Da bist du an
den falschen Ort gekommen", und sie zählten all das
Unglück auf, das sich jüngst bei ihnen ereignet hatte.

Die Frau dachte bei sich: „ Wer kann diesen armen
unglücklichen Menschen wohl besser helfen als ich, die ich
selber so tief im Unglück bin?" Sie blieb und tröstete sie.

Später, als sie meinte, genug Trost gespendet zu haben,
brach sie wieder auf und suchte aufs Neue ein Haus ohne

Leid. Aber wo immer sie sich hinwandte, in Hütten und Palästen, überall begegnete ihr das Leid.

Schließlich beschäftigte sie sich ausschließlich mit dem Leid anderer Leute.
Dabei vergaß sie die Suche nach dem Zauber-Senfkorn, ohne dass es ihr bewusst wurde. So verbannte sie mit der Zeit den Schmerz aus ihrem Leben.

(Aus China)

Die Zeit danach

Wir stehen weiter auf der Intensivstation am Bett von Dieter. Ich halte seine Hand, die Maschinen geben weiter ihre Töne von sich. Die Ärztin kommt und sagt, dass es vorbei ist.

Wieso??? Es sieht doch alles genauso aus, wie vor ein paar Minuten. Ein letzter Kuss, dann sollen wir das Zimmer verlassen und in einer halben Stunde zum verabschieden kommen.

Es fühlt sich an wie in einem Film, als ob etwas passiert und ich sehe es mir von außen an.

Alles ist so unwirklich.

Die Kinder wollen kurz an die frische Luft, also verlassen wir die Klinik. Die Türen gehen auf, wir treten raus und die Vögel singen und die Sonne scheint als sei nichts geschehen. Ich möchte schreien, dass das doch nicht wahr sein kann.

Meine Kinder kommen, umarmen mich und möchten das Versprechen von mir, dass ich nicht hinter Dieter her gehe. Einer meiner Söhne hat vor Jahren gehört, dass ich gesagt habe, Dieter sei mein Leben und hatte seit dem Tag im Kopf was mit mir passiert, wenn Dieter etwas geschieht.

Ich kann das Versprechen nicht geben, weil wie soll ich alleine hier sein, denn er war/ist mein Leben. Der Wunsch ihm zu folgen war da, aber auch ohne Versprechen wusste ich, dass ich das meinen Kindern nicht antun darf.

Wir stehen in der Sonne vor der Klinik, keiner spricht. Es

kommt eine Diakonisse und ich frage meine Kinder ob es in Ordnung ist, wenn wir mit ihr beten. Nachdem wir der Diakonisse gesagt haben, was gerade passiert ist, fordert sie uns auf uns im Kreis an den Händen zu halten. Sie betet das „Vater unser" mit uns und gibt uns den Segen. Mein Sohn stellt später fest, dass der Himmel einen Moment mit uns geweint hat, denn an diesem sonnigen Maitag fielen, während wir gebetet haben, ein paar Regentropfen.
Wir gehen wieder in die Klinik. Im Zimmer sind jetzt keine Maschinen mehr. Nur Dieter in seinem Bett mit gefalteten Händen und einem kleinen Blumenstrauß. Ruhe — Abschied.

Was nun?

Ich möchte auf den Friedhof zum Grab meiner Oma, die für mich wie eine Mutter war.
„Es kommt jetzt ein ganz lieber Mensch" sage ich zu ihr. Hol ihn ab und passe gut auf ihn auf.
Vor dem Friedhofstor treffen wir auf unsere Nachbarin die uns nur ansieht und mich dann wortlos in die Arme nimmt.
Und dann fahren wir nachhause. Nachhause, dass doch nie wieder so sein wird, wie noch gestern.
Da ist unser Hund, der vom einen zum anderen läuft, merkt, dass etwas nicht stimmt ohne das er weiß, dass sein Herrchen nie wieder kommt. Meine Stieftöchter aus Köln und Darmstadt kommen. Wir setzen uns in den Garten. Den Garten den Dieter so geliebt hat. Immer noch

Sonne und singende Vögel. Nur in meiner Welt gibt es gerade keine Sonne. Der Nachbar will Rasen mähen. Das Geräusch des Rasenmähers, die Vorstellung dieser so normalen Handlung ist für mich gerade nicht auszuhalten, daher erzählen wir dem Nachbarn was passiert ist. Es wird kein Rasen gemäht, diese Änderung der Normalität tut mir gut.

Es wird Abend und mit dem Wissen, dass wir etwas Essen und trinken müssen werden Nudeln gekocht, doch keiner bekommt etwas runter.

Meine Kinder sagen, dass ich nicht in unser Schlafzimmer gehen soll, dass ich da nicht schlafen kann. Sie haben es zwar nach dem Notarzteinsatz wieder aufgeräumt aber glauben, es wäre für mich nicht gut allein in dem Zimmer zu sein.

Also ziehen wir das Sofa im Wohnzimmer aus und meine drei Kinder und ich legen uns hin.

Die erste von vielen schlaflosen Nächten beginnt. Irgendwann in den Morgenstunden, meine Kinder schlafen zum Glück noch, gehe ich hoch in unser Schlafzimmer. Ich lege mich in Dieter sein Bett und schlafe sofort ein. Seit diesem Tag schlafe ich in seinem Bett.

Mein Mann und ich haben immer gern die Sendung mit der Maus geguckt. Im November kamen zwei Sendungen zum Thema Tod. Ich wollte sie gar nicht ansehen, weil ich mit dem ganzen Thema nichts zu tun haben wollte. „Solange man über etwas nicht redet oder es sich nicht

ansieht, gibt es die Sache auch nicht" habe ich gedacht.
Wir haben die Sendungen angesehen und jetzt, nachdem Dieter gestorben ist, fallen sie mir wieder ein. Die Erklärungen was mit den Hinterbliebenen passiert. Dass man erst unter Schock steht, sich zu den einfachsten Dingen wie aufstehen, anziehen usw. zwingen muss. Wie wichtig das Abschied nehmen ist. Das Reden über den Verstorbenen. Durch die Beerdigung, die damit einhergehende Organisation und Überlegungen, „wie hätte es sich der Verstorbene gewünscht", ist man zunächst abgelenkt.

Dieter und ich haben über die Möglichkeit einer Beerdigung im Friedwald geredet. Meine Kinder und ich fahren in den Friedwald und stellen fest, dass ist es nicht. Der Friedwald ist über 20 Minuten Fahrstrecke von uns entfernt. Ein Waldweg führt zu ihm, dieser wird im Winter nicht geräumt. Für mich ist es im Moment nicht vorstellbar, dass ich nicht an das Grab von Dieter kann wann immer ich will, nur weil mir vielleicht Schnee den Weg versperrt.
Wir entscheiden uns schließlich für ein Urnengrab auf unserem Friedhof.

Der Bestatter möchte Kleidung für Dieter. Ich hatte den Tag nach seinem Tod sein T-Shirt und seine Jacke an. Beides gebe ich ihm nun zurück.
Wir schreiben ihm Briefe und geben ihm seine geliebten Ricola, ohne die ging er nirgendwo hin, mit auf seine letzte

Reise.

Am Tag vor der Beerdigung sehen wir nach, wo genau Dieter beerdigt wird und mein Sohn stellt fest, dass das Grab so liegt, dass er die gleiche Aussicht wie von unserem Zuhause hat. Außerdem bekommt er die Mittagshitze nicht ab, weil ein Baum ihm Schatten gibt. In seiner Nachbarschaft liegen ein Koch und ein Metzger, so dass Dieter, der immer so gern gekocht hat, doch die richtigen Unterhaltungspartner hat. Vielleicht wird der ein oder andere Sagen, wie kann man solche Dinge sagen. Für mich, die daran glaubt, dass es nach dem Tod weiter geht, war es ein Trost zu wissen, dass die Menschen, die in der Nähe begraben sind, Menschen waren, mit denen Dieter auch im Leben hätte umgehen können.

Der Tag der Beerdigung kommt.

Wir haben eine etwas andere Beerdigung organisiert, so wie Dieter sie nach unseren Vorstellungen hätte gut geheißen. Am liebsten hätten wir in unserem Garten zusammen gesessen, aber das hat das Wetter nicht zugelassen, also sind wir in den Raum gegangen in dem wir vor genau 5 Monaten zusammen mit den Leuten, die jetzt auch kommen werden, unseren 50ten und 70ten Geburtstag gefeiert haben. Wir haben drei große Bilder von Dieter in dem Raum aufgestellt und viele Vasen mit Pfingstrosen aus unserem Schrebergarten. Ein Korb mit verschiedenen Bildern von Dieter steht auf einem Tisch.

Wer mag darf sich, wenn er geht, ein Bild mitnehmen. Ich war mit der Idee nicht sicher, ob jemand zugreifen wird und war am Ende so glücklich als ich sah, dass nur noch ein Bild im Korb war.

Morgens sind wir abgelenkt. Geschirr muss in den Raum, Kuchen geholt, Musik und Tische vorbereitet werden. Dann umziehen, immer noch das Gefühl, ich bin in einem schlechten Film oder in einem Alptraum. Bitte, ich möchte hier raus. Doch es gibt kein entrinnen. Wir gehen gemeinsam auf den Friedhof zur Urnenbeisetzung. Es sind nur Leute da, die wir eingeladen haben, nur Familie, Freunde und Bekannte. Und der Hausarzt meines Mannes. Ich kann nicht mehr genau sagen wer da war, aber er fiel mir ins Auge, weil ich mich so über sein Kommen gefreut habe. Nach dem Tod von Dieter habe ich ihn angerufen und ihm gesagt, dass ich mir sicher bin, Dieter würde sich freuen, wenn er kommt. Er wusste nicht, wie er es machen soll, da die Praxis um die Zeit noch geöffnet war. Aber jetzt war er da.

Wir gehen nicht in die Friedhofshalle, da dass zu meinem Mann nicht gepasst hätte, da waren wir uns alle einig. Also stehen wir direkt am Grab.

Die Feier beginnt mit einem Lied das er mir vor längerem aufgenommen hat.

Die Rose – *the Rose*

Wieder läuft alles ab und ich funktioniere irgendwie. Der Pfarrer hält, wie mir später gesagt wird, eine gute Predigt (ich werde mir sie einige Zeit nach der Beerdigung von ihm geben lassen), es werden verschiedene Lieder gespielt, welche einen Bezug zu Dieter haben.

Dann müssen meine Kinder und ich an das Grab...

Es geht zum Kaffeetrinken und Dieter soll durch Geschichten dabei sein. Er, der so viele Geschichten zu erzählen hatte, soll heute in Geschichten, in welchen er mitspielt, bei uns sein. Ich erzähle, wie wir uns kennen gelernt haben, was er für mich bedeutet hat. Es gibt wie bereits erwähnt ein Lied, dass für mich auch heute noch ausdrückt wie ich mich bei Dieter gefühlt habe (Komm in meine Arme – Waggershausen) es wird gespielt. Bis heute habe ich das Lied seit diesem Tag nie wieder vollständig hören können, da ich das Gefühl habe ich ersticke beim zuhören. Anschließend fordere ich Freunde die etwas erzählen möchten auf, einfach aufzustehen und loszulegen. Es kommt die ein oder andere Anekdote, nachdenkliches aber auch etwas zum schmunzeln.

Von der Urlaubsfahrt mit Freunden, bei der es immer wenn Dieter ans Steuer ging anfing zu regnen. Eine Freundin erzählte wie sie sich darüber gefreut hat, dass er sie für eine gute Mutter hielt und wie erstaunt sie war als er sie gefragt hat, wie man ihre Bluse bügeln müsse.

Freunde, die sich für Dieter sein Zuhören und seine Hilfe bedankten.

Die Tochter die von ihrem Vater erzählte und und und...

Am Nachmittag wird sich eine Nachbarin, mit der wir nicht den engen Kontakt hatten bei mir Bedanken, dass sie auf dieser Beerdigung die Möglichkeit hatte meinen Mann noch näher kennen zu lernen.

Freunde sagen uns, dass es genau die Beerdigung war, die sich Dieter gewünscht hätte und das sie das Gefühl hatten, er wäre dabei gewesen.

Wir wussten das wir alles richtig gemacht hatten.

Und am Tag nach der Beerdigung beginnt der Alltag wieder. Für die anderen, nur nicht für mich?

Meine Kinder gehen wieder auf die Arbeit bzw. an die Universität.

Ich bin erst mal krank geschrieben. Arbeiten ist zur Zeit nicht vorstellbar. Ich kann immer noch nicht glauben was passiert ist. Habe dadurch weiterhin das Gefühl hinter einem Schleier zu leben. Dazu kommen massive Konzentrationsschwierigkeiten. Ich mache den Elektroherd an, gehe ich den Garten und vergesse den Herd. Türen stehen offen, Geld wird verlegt, Schlüssel gehen verloren. Das Telefon finden meine Kinder irgendwann auf dem Dach des Autos.

Ruhig sitzen, nicht möglich. Lange am Stück schlafen, nicht möglich. Lesen aufgrund der Konzentrationsschwierigkei-ten, nicht möglich.

Irgendwann treffe ich mit meinem Sohn die Vereinbarung, dass ich ihn morgens in die Stadt fahren muss (keine 5 Minuten von uns entfernt) damit ich wenigstens aufstehen, mich anziehen und waschen muss. Später vereinbaren wir, dass ich auf dem Rückweg in meinem

Fitnessstudio halte.

Am Anfang kann ich 10 Minuten da bleiben, ich werde es langsam steigern.

An jedem Tag den ich überlebt habe mache ich mit Filzstift einen Strich an die Wand meines Schlafzimmers.

Ich habe mir schon immer gern Wohlfühl – T-Shirts bei meinem Mann geliehen. Jetzt ziehe ich nur noch seine Sachen an.

Viel Zeit des Tages verbringe ich auf dem Friedhof. Auch wenn ich weiß, mein Mann ist nicht da, tut es gut mich auf die Grabumrandung zu setzen und den Tränen freien Lauf zu lassen. Es wird zur Angewohnheit, dass ich mir oft ein Stück Brot mitnehme, da ich manchmal wirklich Stunden da bin. Das Brot teile ich mit den Vögeln und freue mich wenn sie ans Grab kommen, weil ich weiß es würde ihn freuen.

Ich finde keinen Platz mehr für mich außer auf dem Friedhof. Im Haus sehe ich Dieter an so vielen Stellen. Komme ich nachhause rufe ich so wie früher „Hallo" und erwarte immer wieder, dass er antwortet.

Ich kann nicht mehr ins Wohnzimmer. Auf dem Sofa haben wir doch fast jeden Abend Hand in Hand gesessen und jetzt soll ich mich alleine hin setzen?

Es soll fast ein Jahr dauern bevor ich das erste Mal alleine da sitze und den Fernseher wieder einschalte. Dazwischen schaue ich nur fern, wenn meine Söhne mit mir zusammen Fußball oder den Tatort gucken.

Zum Glück ist Frühjahr und dann Sommer, ich verbringe

viel Zeit im Garten.

Meine Kinder und besonders drei Freundinnen tragen mich durch die erste Zeit.
Ich bin nie allein. Meine Kinder sorgen dafür, wohl auch aus Angst, ich könne mir doch noch etwas antun. Der Gedanke ist immer wieder da. Ich werde die Medikamente von Dieter ganz lange nicht wegwerfen, weil sie mir die Möglichkeit eröffnen, ihm zu folgen. Sein Insulin bleibt 1 Jahr im Kühlschrank, auch mit dem Gedanken, dass er es ja braucht wenn er wieder kommt.
Meine Freundinnen hören mir geduldig zu. Ich darf immer wieder die gleichen Geschichten von Dieter erzählen und auch immer wieder von seinem Todestag.

Eine Frage lässt mich nicht los. Was ist in der Zeit als wir einkaufen waren passiert? Warum hat es die Verschlechterung gegeben? Der Arzt hat doch gesagt, „alles Sachen, die wir in den Griff bekommen". Die Frage treibt mich aber auch meine Kinder so um, dass wir in der Klinik einen Termin bei dem Arzt ausmachen und ihn fragen. Er kann uns nicht sagen, was passiert ist, hat selber keine Erklärung. Er weiß das es an dem Tag nicht das Herz war, aber was genau bleibt offen. Er versichert uns noch einmal, dass er davon überzeugt war, dass man alles wieder in den Griff bekommt und er den Satz nicht leichtfertig gesagt hat.
Auf die Frage „was ist passiert?" werde ich also nie eine Antwort bekommen, sie wird aber auch nie aus meinem

Kopf gehen.

Atmen – trinken – atmen - schlafen – atmen – essen – atmen

Einen Tag nach dem anderen mit diesen Grunddingen überstehen.

Irgendwann lädt mich ein befreundetes Paar zum Essen ein. Es ist Teil einer „Pärchenclique" aus 5 Pärchen, zu denen wir auch gehört haben. Jetzt sitze ich als einziger „Single" am Tisch. Beim Ankommen wurde ich von einer Frau gefragt, ob ich bei den „Weight Watchers" war, ich hätte ja so toll abgenommen. Stimmt, 7 Kilo sind runter, aber nicht dank „Weight Watchers", sondern weil ich einfach nichts essen kann. Ich kann nur sprachlos dastehen, zum Glück springt mir eine andere Bekannte zur Seite und erklärt, dass es wohl eher an der Trauer liegt.
Der Abend geht genauso weiter. Es werden die gleichen Witze wie früher gemacht. Es gibt die gleichen oberflächlichen Gespräche, nur mich erreicht nichts mehr davon. Dieter ist den ganzen Abend kein Thema. Als begonnen wird von Urlaubsplänen zu erzählen gehe ich und fahre direkt auf den Friedhof. Es ist ja schon später und ich bin zum Glück allein, denn heute werde ich lauter und frage Dieter, ob er dass gesehen hat. Ich fühle mich so von ihm allein gelassen und bevor ich das Kreuz auf seinem Grab umtrete, gehe ich lieber, auch das sage ich ihm. Zuhause gehe ich direkt ins Bett und weine mich in

den Schlaf.

Nach diesem Abend war mir klar, dass viele alte Bekannte und ich nicht mehr die gleiche Sprache sprechen. Ich brauchte Menschen, die in meiner Situation waren, die auch einen Partner verloren hatten. Menschen die wussten, dass Sprüche wie: „Es wird schon wieder", „das erste Jahr ist das schlimmste", „da musst du durch", „Arbeiten und ablenken hilft", „Du bist noch so jung, du kannst noch neu anfangen"..., nicht helfen.
Ich setzte mich, was ich früher nie gemacht habe, abends an den Computer. Herr Google weiß ja alles, also gab ich ein „verwitwet was nun" und fand so die Seite von www.verwitwet.de.
Eine Seite, die wie ich heute sagen kann, mich gerettet hat. Sie wird betrieben von einem Verein, gegründet durch einen Mann, welcher sehr jung plötzlich seine Frau verloren hat.
Auf dieser Seite habe ich erst einmal stundenlang nur im Forum gelesen und weinend vor dem Computer gesessen. Da gab es Männer und Frauen die beschrieben genau die Gefühle, die ich gerade hatte. Auch diese Menschen konnten sich nicht vorstellen, dass das Leben jemals wieder gut werden sollte. Sie schrieben von ihrem Verlust, davon wie sie funktionierten aber ansonsten innerlich leer waren.
Durch diese Beiträge merkte ich, dass ich nicht am durchdrehen war, dass meine Gefühle und Handlungen zu der Trauer gehören und normal sind.

Außer dem Forum und weiteren hilfreichen Informationen gibt es auf der Seite einen Chat.

Die Bezeichnung bzw. Funktion eines Chat's kannte ich nur vom Hörensagen durch meinen Mann, welcher eine Zeit lang mit jemandem in Australien gechattet hatte. Eine Unterhaltung von Kontinent zu Kontinent. Konnte mir vielleicht eine Unterhaltung im Chat mit anderen Hinterbliebenen helfen? Ich fragte meine Kinder, welche entsetzt reagierten und mir sehr davon abrieten. Ich solle vorsichtig sein und man wisse nie, wer sich da anmeldet, nie wer hinter den „Nicknamen" steckt usw.

An einem Sommerabend, als ich mal wieder mit Laptop auf den Beinen allein im Garten saß dachte ich, was habe ich zu verlieren und ging in den Chat. Das Problem war nur, dass ich keine Ahnung hatte wie ein Chat funktioniert und ziemlich hilflos da saß als mich zwei Personen mit „Hallo" begrüßten und ich nicht wusste, wie ich antworten soll. Zum Glück kam mein Sohn und erklärte mir die Funktionen des Chats jetzt doch. Der erste Abend war ernüchternd. Im Raum befanden sich zuerst zwei, später noch mehr Personen die sich schon länger kannten und daher sehr vertraut miteinander sprachen und natürlich auch schon viel über den anderen wussten. Um bei dem Bild einer tatsächlichen Unterhaltung zu bleiben, ich stand abseits dabei und hörte zu aber wusste nichts zu sagen. Hilfreich war das ganze auch nicht für mich. Wie kann es anders gehen? Ich schaute nach, wer ist im Chat und las die Kurzvorstellungen der Personen. Eine Frau war am selben Tag verwitwet wie ich. Eine Gemeinsamkeit. Eine

Gesprächsgrundlage? Ich ging in diesen Chatraum und fand in der Frau sowie zwei weiteren anwesenden Frauen interessante Gesprächspartnerinnen. Wir trafen uns ab diesem Abend für eine ganz lange Zeit jeden Abend für Stunden im Chat. Erzählten uns vom Tag, was ging und was nicht. Erzählten uns unsere Geschichten, weinten gemeinsam am Computer und irgendwann lachten wir auch mal am Computer. Noch heute sind wir über eine „Whatsappgruppe" verbunden, sagen uns täglich „Guten Morgen" und fragen nach, wenn sich mal jemand nicht meldet.

Nachdem wir ein Viertel Jahr gechattet hatten wollten wir uns persönlich kennen lernen. Es wurde ein Ort gesucht, welcher für alle erreichbar war. Gar nicht so einfach, weil wir sind in ganz Deutschland verteilt. Aus unserer Vierergruppe war zu diesem Zeitpunkt eine Achtergruppe entstanden, zu welcher sieben Frauen und ein Mann gehörten. Ende November war es dann so weit, wir machten uns alle auf zu einem Wochenende in das Sauerland. Da standen wir uns nun das erste Mal leibhaftig gegenüber. Wir, die uns doch eigentlich nur vom Computer kannten und waren uns doch nicht einen Moment fremd. Es gab eine Nähe und Offenheit, die ich sonst bei der Begegnung von „Fremden" noch nie erlebt habe. Es wurde viel erzählt, geweint aber auch hier wieder so viel gelacht (wenn auch noch oft mit schlechtem Gewissen), dass wir nicht sicher waren ob die Hotelbediensteten uns glaubten, dass wir eine Trauergruppe sind. Silvester 2014/2015 trafen wir uns wieder alle im Sauerland und halfen uns gegenseitig über den ersten Jahreswechsel – allein.

Über die Seite von „www.verwitwet.de" bekam ich Kontakt mit einer Frau, die mir eine Trauergruppe in der Nähe meines Wohnortes empfehlen konnte. Alle 14 Tage am Montag von 18 – 21 Uhr, mit Kaffee und Kuchen um 20 Uhr. Zuerst dachte ich, so lange, drei Stunden, was macht man da? Und Kaffee und Kuchen am Abend? Etwas unsicher machte ich mich auf den Weg, aber die Hoffnung Menschen in ähnlicher Situation kennen zu lernen überwog. Außer mir waren vier weitere verwitwete Frauen sowie eine verwaiste Mutter anwesend. Geleitet wurde die Gruppe von einem älteren Ehepaar. Und auch hier muss ich sagen, dass ich für die Gruppe, die Menschen aber auch was in der Gruppe an Gesprächen angeboten wurde, eine große Dankbarkeit empfinde. Die Gruppenstunden liefen immer nach einem gleich-bleibenden Ritual ab. Es begann mit dem Entzünden dreier Kerzen (für die um die wir trauern, für die die wir zuhause ließen und für die, die gekommen sind) und dem Abspielen von Musik. Ich war hier mit meinen Tränen nicht allein, wir waren alle in der gleichen Situation und hier musste man nichts verbergen, die Tränen konnten einfach laufen. Nach der Musik und einer kurzen Geschichte bekam jeder in einer Gesprächsrunde die Möglichkeit anhand von vier Fragen (wie es in den 14 Tagen ergangen ist, welche Schwierigkeiten aufgetreten sind, wie man sie bewältigen konnte, was man sich gutes getan hat) von sich zu erzählen. Jede von uns hatte ihren Raum, jede erzählte so lange sie wollte, jede durfte weinen so viel sie wollte. Man fühlte sich aufgehoben. Nach der Gesprächsrunde ging es an die Kaffeetafel und ich verstand. Es war wichtig einen Abstand zu schaffen, einen Gegenpol. Am Tisch ging es auch um Trauer, aber auch um Normalität aus dem Alltag. Das konnte z.B. auch sein, dass die Frage auftauchte, was man mit einem tropfenden Wasserhahn machen muss. Weil das ist ja in einer Partnerschaft eine Aufgabe, die oft der Mann klärt und wenn dieser plötzlich nicht mehr da ist...

Nach dem Kaffeetrinken ging es wieder in den Stuhlkreis. Es gab eine Abschlussgeschichte und jede von uns wurde einzeln mit einem herzlichen Wort verabschiedet.

Was die drei Stunden sind schon um? So empfand ich es beim ersten Mal und auch in der Folge sehr oft. Lange Zeit fieberte ich den 14 tägigen Treffen entgegen.

Auch die Frauen aus der Trauergruppe begleiten mich weiterhin. Wir treffen uns unregelmäßig zum gemeinsamen Frühstück oder Abendessen.

So vergingen die Tage. Meine Strichliste an der Wand wuchs.

Irgendwann war es Zeit wieder arbeiten zu gehen. Am letzten Tag der Krankschreibung fuhren mein Sohn und ich, mit meinem Vorgesetzten so abgesprochen, an meine Arbeitsstelle. Ich hatte das Gefühl, dass ich den ersten Tag, die Begegnungen mit den Kollegen, die Fragen und Beileidsbekundungen, nicht alleine schaffe. Also war mit dem Vorgesetztem abgesprochen, dass alle zusammen kommen, und wir einmal erzählen was passiert ist. Eine schlimme halbe Stunde, aber auch sie wurde überstanden. Im Auto wieder nur Tränen. Das Gefühl, dass es kein Albtraum war aus dem ich irgendwann aufwachen darf, kam jetzt immer öfter. Es war Realität, ich musste lernen damit umzugehen, also ging ich am nächsten Tag auf die Arbeit. Ich war grenzenlos überfordert. Nach vier Stunden saß ich nur noch schluckend am Schreibtisch, nach sechs Stunden (normaler Arbeitstag) schaffte ich es gerade noch bis zum Auto bevor sich die Tränen ihren Weg suchten.

Alles was bisher normaler Arbeitsalltag gewesen war, erschien mir jetzt als hoher Berg. Meine Konzentrationsschwierigkeiten waren weiterhin vorhanden, sprich den Inhalt eines Schreibens zu verstehen oder selbst eines aufzusetzen erforderten höchste Anstrengung. Meine Wiedervorlagen waren während der Dauer meiner Abwesenheit nicht abgearbeitet worden, sodass hier ein Bearbeitungsrückstand bestand, den ich sonst über die Tage nebenbei abgearbeitet hätte. Jetzt brachten sie mich zur Verzweiflung. Zum Glück reagierte mein Zimmerkollege sehr einfühlsam. Immer wenn er merkte, dass die Tränen kamen stellte er sich mit mir an das Fenster und wir unterhielten uns einen kurzen Moment. Andere Kollegen reagierten leider nicht so empfindsam. Ich weiß Tod und Trauer sind Dinge um die wir alle einen weiten Bogen machen wollen. Ich ja auch. Viele denken Tod und Trauer sind ansteckend, daher Abstand halten. Andere wissen einfach nicht was sie sagen oder wie sie sich verhalten sollen. Vor meinem persönlichen „Tag X" habe ich ähnlich gedacht und mich wohl auch oft falsch verhalten, indem ich nichts gesagt oder lieber weg gesehen habe. Jetzt in der Situation bin ich verzweifelt wenn Kollegen, mit denen ich mich eigentlich gut verstanden habe, auf dem Flur den Kopf senkten und im vorbeigehen gerade so „Hallo" sagten. Auch hier hatte ich zunächst das Gefühl ich gehöre nicht mehr dazu und war so froh, als nach Monaten ein Gespräch über Fußball nicht beendet wurde als ich das Zimmer betrat. Es begann wieder ein Stückchen Normalität.

Jeden Freitag bin ich allerdings über ganz lange Zeit zusammen gezuckt, wenn die Kollegen „ein schönes Wochenende" gewünscht haben. „Schönes Wochenende", es war ein Samstag der mir meinen Mann nahm. Da konnte es kein schönes Wochenende mehr geben. Es dauerte zu merken, dass keiner diesen Satz sagt um mich zu ärgern, sondern einfach Kollegen sich auf das Wochenende freuen, so wie ich es auch immer getan habe, und dies durch den Wunsch kundtun.

Als leider ein gutes Jahr später eine Kollegin ihren Mann verlor, machten wir einiges anders. Ich denke bzw. hoffe sie hatte einen etwas leichteren Wiedereinstieg.

Die ersten Wochen waren schwer, dann wurde die Bewältigung des Arbeitsalltages wieder leichter. Die Arbeit gab mir etwas Struktur.

Durch die Struktur gewann ich etwas an Sicherheit zurück.

Schritt für Schritt ging ich meinen neuen Weg allein ohne Mann an der Seite. Nur oft war es so wenn ich das Gefühl hatte, „gut, dass klappt jetzt", kam ein neues Problem und sei es nur in Form eines kaputten Rollladens oder einer defekten Wasseruhr. Dinge um die ich mich bisher nie habe kümmern müssen. Und wenn ich ehrlich bin, Dinge mit denen ich mich nie befassen wollte. Ich ging oft wenn ein neues Problem auftrat auf den Friedhof und sagte zu meinem Mann „Und jetzt wieder was neues, was soll ich machen?". Komischerweise tauchten zu solchen Zeitpunkten manchmal genau die richtigen Leute in meinem Leben auf, die mir helfen konnten oder ich hatte plötzlich die richtige Idee. So wie ich einmal an unserem Computer saß und ein wichtiges Schreiben suchte. Nachdem ich mal wieder hilfesuchend nach oben gesehen habe, klickte ich die richtigen Dateien an.

Leider gab es nicht nur die positiven Erfahrungen. Es gab auch die Handwerker, die meinten eine alleinstehende Frau könne man ja jetzt wohl mal etwas mit unnützen Materialbestellungen und Rechnungen über das Ohr hauen.

Und dann waren noch die Witwen, die man auf dem Friedhof traf, die erst mitfühlend fragten wie es denn geht um dann zu sagen, dass es noch viel schlimmer wird. Weil jetzt kämen ja noch Freunde aber bald würden sie weg bleiben und dann wäre ich ganz allein. Die Familie würde auch nicht mehr zuhören und in den Urlaub würde niemand mit einem fahren.

Zum Glück waren nicht alle so. Es gab auch die Witwen mit denen ich mal frühstückte oder mich zum Kaffee traf. Nur was auch immer durch die guten Begegnungen aufgebaut worden war, wurde durch ein kurzes Gespräch mit den „Negativwitwen" wieder zerstört. Ihre Aussagen fielen auf fruchtbaren Boden, es gab ja Freunde mit denen ich nicht mehr reden konnte, und wer sollte jetzt mit mir in Urlaub fahren?

Im Nachhinein kann ich jedem nur den Rat geben, wenn er von solchen Menschen angesprochen wird, nicht drauf zu hören. Ich habe zu meinen echten Freunden weiter Kontakt, sie waren immer für mich da. Meine Kinder und eine Freundin sind mit mir in den Urlaub gefahren.

Was allerdings richtig ist. Eine Frau aus der Trauergruppe hat es so schön ausgedrückt in dem sie sagte: „Alles ist anstrengender geworden". Wenn ich das Wochenende nicht alleine verbringen wollte, musste ich mich um Verabredungen bemühen. Früher war mein Mann da und wir sind zusammen spazieren gegangen. Jetzt hieß es jemanden finden. Nur ich denke hier hat jeder die eigene Entscheidung. Möchte ich jammern, dass niemand mehr etwas mit mir macht, oder ergreife ich die Initiative und gehe Verabredungen ein?

Ich bin ein Mensch der gern Kontakt mit anderen Menschen hat. Daher habe ich mich um Verabredungen bemüht und auch nach einigen Wochen meine regelmäßige Kartenrunde wieder besucht. Auch hier war der Anfang schwer. Normales Kartenspielen, obwohl er nicht mehr da ist, löste einfach ein komisches Gefühl aus. Wie soll es beschrieben werden? Schuldig? Weil ich jetzt weiter mache, obwohl er nicht mehr da ist...

Nur wir wurden ja nicht gefragt. Und wir haben keine Wahl, sind noch hier und müssen weiter machen. Auch für die Kinder, die froh über jeden Schritt von mir in die Normalität sind.

Die Kinder sind es auch die irgendwann fordern, dass wir die Jacken von Dieter von der Garderobe abhängen, seine Schuhe nicht mehr im Hauseingang stehen lassen und die Zahnbürste aus dem Bad verschwindet. Der Horror für mich, weil es wird dadurch endgültiger. Von mir aus soll alles genau so bleiben, wie es vor diesem 24.05.2014 war. Nur meine Kinder können so nicht weiter machen, also werden die Sachen entfernt. Nach und nach verschwinden immer mehr Dinge, die von Dieter noch sichtbar in Küche, Wohn- und Esszimmer lagen.

Ich möchte meine Mutter wieder haben.
Dieser von meinem Sohn ausgesprochene Satz erschreckte mich. „Ich bin doch da", entgegnete ich ihm. Darauf sagte er: „Nein du hast die Gestalt meiner Mutter, ansonsten bist du Dieter". Zu dieser Zeit hatte ich nur noch die Kleidung meines Mannes an. Statt Parfüm benutzte ich sein Rasierwasser.
Auch in anderen Punkten merkte ich, dass ich die

Angewohnheiten meines Mannes übernommen hatte. Dieter hat in der Zeit als wir uns kennen lernten einen Kaffee nach dem anderen getrunken. Ich mal ganz selten eine Tasse. Damals und auch noch heute ist Kaffee ein Hauptgetränk von mir geworden. Es ist jetzt Nachmittag und ich habe noch nichts anderes zu mir genommen. Warum das so ist, kann ich nicht sagen, ich weiß es nicht, nur irgendwie ist es eine Verbindung.

Mein Sohn und ich vereinbarten, dass ich ab sofort sobald ich das Grundstück verließ meine Kleidung trug. Zuhause durfte ich weiter die T-Shirts meines Mannes tragen. Das Rasierwasser wurde in einen Schrank gestellt, Parfüm tauchte wieder auf.

Die Mutter kam ein Stück zurück. Wieder ein Schritt in die Normalität, denn eine ganze Weile hatten meine Kinder die Elternrolle übernommen. Sie sagten mir was gemacht werden muss, gingen mit mir die nie gewollte Witwenrente beantragen und passten auf, dass ich abends auch alle Kerzen ausmachte.

Mein 10 Monate alter Enkel konnte nur dann allein zu mir kommen, wenn einer seiner Onkel im Haus war. Ich merkte einfach, dass ich alleine mit dem kleinen Kind überfordert war. Die Konzentration war weiterhin nicht voll zurück. Oft saß ich einfach da und starrte an die Wand oder die Tränen liefen während der Kleine auf allen Vieren durch das Zimmer krabbelte und nicht verstand, warum die Oma nicht mehr mitmacht. So sehr ich es auch wollte, es war in der Anfangszeit nicht möglich. Umso größer bei mir die

Freude, als ich merkte dass es wieder ging. Das mich das Lächeln meines Enkels wieder erreichte.

Mein Hausarzt erklärte mir, dass Trauer und kleine Kinder nicht zusammen passen und mein Verhalten daher verständlich war.

Immer weiter Schritt für Schritt in das nicht gewählte neue Leben.

Drei Schritte vor und dann wieder zwei zurück.

Ein Tag an dem man denkt, „es wird etwas leichter" und dann ein Wort, eine Erinnerung, eine Fußballweltmeisterschaft und man sitzt im tiefen schwarzen Loch.

Fußballweltmeisterschaft, die kann doch nicht wirklich stattfinden?

Dieter, der sich für Fußball interessiert hat, ist doch nicht mehr da.

Doch sie wird stattfinden als wäre nichts passiert. So wie sie auch 1990 stattgefunden hat, als mein Schwiegervater gestorben ist.

Diese Weltmeisterschaft ist die Hölle für mich. Meine Söhne fragen, ob sie denn bei den Spielen der Deutschen zum „Public-Viewing" gehen können. Natürlich können sie und müssen sogar. Sie sind Anfang 20, das Leben muss für sie weiter gehen, auch sie müssen wieder Normalität finden.

In mir schreit es allerdings, bitte lasst mich bei den Spielen nicht allein. Das erste Spiel kommt, ich schalte den Fernseher an, stelle das Bild meines Mannes auf das Sofa, sage ihm, dass er das Spiel gucken kann und gehe in den Garten.

Das Leben muss weiter gehen, das ist richtig. Richtig ist aber auch, das manche Dinge für mich ohne meinen Mann für mich allein nicht mehr gehen. Sie sind fest mit ihm verkoppelt. Wenn ich es allein versuche laufen die Tränen. Anfangs bin ich verzweifelt darüber zu merken, dass so viele Dinge nicht mehr gehen, dass ich für mich neue Dinge finden muss. Inzwischen akzeptiere ich es und freue mich an den schönen Erinnerungen. Fußballspiele allein gucken geht zum Beispiel nicht, ebenso wie der Tatort, die „Hessenschau" oder die Anstalt. Was würde es mir bringen letzteres anzuschauen ohne hinterher mit jemandem drüber zu reden.
Aber zurück zur Weltmeisterschaft.
Ich verfahre bei allen Vorrundenspielen gleich, Bild auf das Sofa und ich verschwinde in den Garten. Im Chat kann ich mich einigermaßen ablenken, dort sind Menschen die mein Verhalten verstehen. Denn bei Menschen, die einen solchen Verlust noch nicht erlebt haben, stoße ich oft auf Unverständnis. „Stell dich nicht so an, setze dich einfach auf das Sofa. Beim ersten Mal ist es vielleicht schwer aber dann gewöhnst du dich dran." Es hat nichts mit anstellen zu tun. Es geht im Moment einfach nicht. Wenn ich es mir nur vorstelle krampft sich im Bauch alles zusammen und die Tränen fließen. Zum ersten Mal nehme ich meine Empfindungen ernst und zwinge mich zu nichts. Die Weltmeisterschaft schreitet voran und wir sind weiter

dabei. Wir sind im Finale und jetzt ist mir klar, diesen Abend schaffe ich nicht allein. Auch meinen Söhnen ist es nicht danach zum Public-Viewing mit Freunden und eventuellem feiern in die Stadt zu gehen. So fahren wir zu meiner Tochter, essen gemeinsam und sehen uns das Spiel anschließend gemeinsam bei ihr an.

Wahrscheinlich bin ich eine von wenigen, die der deutschen Mannschaft keinen Sieg wünscht. Nach 1990 möchte ich nicht, dass wieder eine Weltmeisterschaft gewonnen wird, nachdem ich einen lieben Menschen verloren habe. Auch dieser Gedanke ist natürlich wieder irreal, aber Gefühle rund um Trauer sind einfach oft nicht erklärbar. Tja, es passiert doch und Deutschland jubelt als sei nichts geschehen…

Schritt für Schritt, immer weiter gehen. Etwas voraus und dann wieder ein Rückfall. Jeden Abend ein Strich an die Wand, so sehe ich wie die Tage vergehen. Unerklärbar aber die gewonnene Weltmeisterschaft war für mich ein großer Schritt zurück. Deutschland freute sich, die Welt hat sich normal weiter gedreht…

Ich lerne in dieser Zeit etwas kennen, was mich bis heute begleitet. Was mir inzwischen sehr wichtig ist. Die, wie ich es nenne, „absolute Stille". Früher hätte ich mir nicht vorstellen können, mehrere Stunden oder sogar einen ganzen Tag alleine zu sein, ohne dass zumindest im Hintergrund ein Radio läuft. Da ich direkt nach Dieter seinem Tod keine bzw. nur einige Musik ertragen konnte, mich Nachrichten nicht interessiert haben, blieb das Radio und der Fernseher sowieso aus. Nun war ich oft mit mir allein in dieser absoluten Stille und merkte, dass sie mir Kraft gibt, dass ich sie genieße. In einer Stadt hole ich sie mir manchmal für ein paar Minuten in einer Kirche. Und wenn sie gestört wird, macht es mich ärgerlich. Warum mir die Stille auf einmal so wichtig geworden ist, kann ich nicht sagen.

Die Striche an der Wand zeigen, es vergeht viel Zeit. Die Tage werden kürzer.
In den Geschäften tauchen Weihnachtsartikel auf. Weihnachten? Nein bitte dieses Fest nicht auch noch. Früher war Weihnachten mein Fest. Ich war mit Begeisterung beim dekorieren, backen, Geschenke besorgen und stundenlang mit einpacken beschäftigt. Jetzt war dies alles nicht mehr vorstellbar. Ich wollte nur, dass es vorbei ist. Gespräche bei Kollegen über Geschenke, geplante Weihnachtsfeiern oder auch nur selbstgebackene Plätzchen trieben mir Tränen in die Augen. Da war auch viel Neid. Warum dürfen die einfach so weiter machen, während doch meine Welt in Scherben liegt?

Obwohl ich denke, dass dieses Fest mir wieder endgültig den Boden unter den Füssen wegziehen wird, mache ich Ende November etwas was mir zeigt, dass ich in die richtige Richtung gehe.

Ich beziehe mein Bett. Nun ist Betten beziehen ja an und

für sich nichts besonderes, nur ich habe es seit dem Tod meines Mannes nicht mehr gemacht. Wieder so etwas bei dem einige den Kopf schütteln werden und auch ich hätte früher gesagt, „man kann doch nicht über ein halbes Jahr in einem Bett schlafen ohne das es bezogen wird". Doch kann man. Wenn man das Gefühl hat es riecht noch nach dem geliebten Menschen, wenn man weiß er lag in diesem Bezug…
Aber Ende November das Gefühl, ich muss den nächsten Schritt gehen. Die abgezogene Bettwäsche habe ich direkt in den Mülleimer geworfen. Denn mir war klar, ich ziehe sie nie wieder auf.

Ein Schritt vorwärts und dann wieder zurück.
Hochzeitstag ein Tag der Tränen. Ich, die nicht malen kann, nehme Farbe und Leinwand und versuche meine Gefühle auf diese zu bringen. Trauer, Einsamkeit, Verzweiflung aber auch unbändige Wut. Warum hat er mich allein gelassen? Malen wird mir auch in Zukunft oft über dunkle Stunden helfen.

Meinen Kindern geht es mit dem Unbehagen vor Weihnachten ähnlich wie mir. Auch sie möchten keine Feier wie in den vergangenen Jahren mit dem Wissen, dass einer fehlt. Also beschließen wir, dass es keinerlei Geschenke gibt und das wir wegfahren. Eine Ferienwohnung in Eisenach wird gebucht. Dort verbringen wir ein etwas anderes, aber nicht unbedingt schlechtes Weihnachten. Es gibt keinen Weihnachtsschmuck und kein

Festessen. Im Gegenteil, nachdem in der Wohnung noch kurzzeitig der Strom ausfällt, essen wir die Ravioli kalt. Zum Glück haben wir nicht vollständig auf Kerzen verzichtet, so dass einige Teelichter auf dem Tisch brennen. Weihnachten anders, aber mit dem was wichtig ist. Was wichtig ist, haben wir in diesem Jahr gelernt. Die Familie und Zeit für einander.

Am zweiten Feiertag geht es wieder heim und es folgt der Absturz. Die Kinder widmen sich so wie es sein soll wieder ihren Freunden und Hobbies. Ich stehe allein. Über unsere „Whatsappgruppe" von verwitwet erreiche ich einen Witwer, der mit mir telefoniert. Ich darf meine ganze Verzweiflung raus lassen. Es hilft, einfach nur zu weinen und zu erzählen. Trotzdem gehe ich direkt nach dem Telefonat noch in mein Fitnessstudio und tobe mich dort richtig aus.

Ich habe es schon gesagt, Silvester verbringe ich mit anderen Verwitweten im Sauerland.
Unsere Trauer ist oft Gesprächsthema. Auf unserem Tisch steht eine Engelskerze für die, die nicht bei uns sind. Aber auch hier wird abends beim „Mensch ärger dich nicht Spiel" oder bei der Brauereibesichtigung gelacht. Beim Jahreswechsel nehmen wir uns an die Hand. Am Feuerwerk ist keiner von uns interessiert. In Gedanken sind wir bei unseren verstorbenen Partnern aber auch bei der Frage wie es weiter geht.

Das neue Jahr beginnt, die Feiertage sind zum Glück erst einmal vorbei und ich darf wieder arbeiten gehen. Kurze Ablenkung bevor die nächsten Aufgaben nahen. Dieter und ich haben beide im Januar Geburtstag. Ähnlich wie Weihnachten war mir auch bei diesen Tagen klar, dass ich sie nicht zuhause verbringen möchte. Schon vor längerer Zeit hatte ich eine Trauerkur beantragt, mit der Bitte, sie im Januar stattfinden zu lassen. Ich durfte zwei Tage vor meinem Geburtstag anreisen und saß an meinem Geburtstag morgens alleine an einem großen Tisch. Niemand wusste von dem Geburtstag. Niemand sah die Tränen, denn mein Blick ging zum Glück zur Wand. Bevor der Absturz zu tief werden konnte, lud ich einige Mitpatienten für mittags in die Cafeteria ein.

Der Geburtstag von Dieter ist zwölf Tage nach meinem. Zeit genug um für Ablenkung zu sorgen. Ein anderer Patient machte einen langen Spaziergang mit mir, anschließend gingen wir Kaffee trinken.

Auch hier war es die richtige Entscheidung die Tage nicht zuhause zu verbringen.

Insgesamt war ich von der Kur allerdings enttäuscht. Es gab nicht wirklich ein Angebot für mich.

Ebenfalls Betroffene lernte ich erst drei Tage vor Abreise kennen.

Wieder zuhause angekommen, konnte ich mein neues Zimmer bestaunen. Die Kinder hatten während meiner Abwesenheit das Schlafzimmer von Dieter und mir

renoviert. Neu gestrichen, neue Gardinen und Möbel um
geräumt. Wahrscheinlich waren sie etwas enttäuscht,
denn sie hatten viel Arbeit in das Zimmer gesteckt und nun
stand ich da und konnte mich erst mal (später kam die
Freude noch) nicht drüber freuen. Wieder mal etwas
anders, etwas gemeinsames mit Dieter nicht mehr da.
Für mich bedeutete es aber auch, im renovierten Zimmer
keine Striche mehr an die Wand zu machen. Weiter Leben
ohne sich täglich bewusst zu machen, wie viele Tage Dieter
schon nicht mehr da war.

Der Winter ging, der Frühling kam und damit die
Möglichkeit, wieder mehr Zeit draußen zu verbringen.
Außerhalb war es für mich immer einfacher, als in
unserem Haus. Eine Ausnahme bedeutete unser
Schrebergarten. Als es Zeit war, begann ich ihn normal zu
bearbeiten und auszusäen. Merkte aber ganz schnell, dass
es mir nicht gut tat. Sobald ich den Schrebergarten betrat,
begannen die Tränen zu fließen. Ich sah Dieter wie er noch
eine Woche vor seinem Tod auf der Bank saß. Der Garten
wurde noch ein Jahr gehalten, dann haben wir ihn
aufgegeben. Wieder ein Abschied, wieder etwas wo ich
sagen kann, „da ist auch in mir etwas gestorben", weil es
alleine nicht möglich war.

Irgendwann war es dann Mai, nur noch wenige Tage bis
zum ersten Todestag. Ohne dass ich es wollte, war ich an
jedem Tag in Gedanken ein Jahr zurück. Vor einem Jahr
war es warm, der Enkel war da und wir saßen im Garten.

Vor einem Jahr haben wir mit Freunden einen Ausflug gemacht.
Vor einem Jahr…
Ist die Welt für mich stehen geblieben?

Geschafft, ich hatte das erste Jahr geschafft. Jetzt wird es besser. Weil wie viele hatten doch gesagt: „Du musst nur das erste Jahr überstehen". Und ich weiß nicht wie, aber ich habe dieses erste Jahr überlebt. Am Jahrestag gehe ich in die Klinik, stelle mich vor die Tür der Intensivstation… und dann… wird alles wieder gut…

Die zwei Bäume

Zwei große Bäume stehen dicht beieinander. Sie kennen sich schon seit frühester Jugend. Die Äste des einen Baumes ragen in die Krone des anderen. Beide haben sich gegenseitig hervorragend angepasst. Im Frühjahr entfalten sich zur gleichen Zeit die ersten Blätter. Da, wo die Äste sich weiter ausdehnen, hält sich der andere Baum zurück. Beide nehmen Rücksicht aufeinander. Im Herbst machen sie sich für den Winter bereit. Sie schützen sich gegenseitig vor starkem Wind. Der eine Baum gewährt dem anderen Schatten. Sie holen sich aus dem Boden ihr Wasser und teilen es sorgfältig. So haben sich beide gemeinsam entwickelt, sind alt geworden und haben schon viele Jahresringe gemeinsam aufgebaut. Eines Tages schlägt der Blitz in einen der Bäume ein und fällt diesen. Er wird wortlos von Waldarbeitern abtransportiert. Der andere Baum bleibt allein zurück. Er kann einfach nicht glauben, dass sein geliebter, treuer Nachbar nicht mehr da sein soll. Wo sie sich doch für den nächsten Winter schon so viel vorgenommen hatten. Er wünscht, einfach nur einen bösen Traum gehabt zu haben und morgen nach dem Aufwachen sei alles wieder in Ordnung. Doch am nächsten Morgen ist er immer noch allein. Er schaut suchend umher, doch er kann seinen Nachbarn nirgendwo entdecken. Er fühlt sich nackt und hilflos. Jetzt erst wird ihm bewusst, dass er all die Jahre vom anderen Baum Schutz geboten bekommen hatte. Er bemerkt, dass er auf der Seite, die dem anderen Baum zugewandt war, schwächer entwickelt ist. Die Äste sind kürzer und weniger dicht mit Blättern übersät. Ja, er muss sogar aufpassen, sich nicht nach der anderen Seite zu neigen und umzufallen. Der Wind fährt ihm garstig in die schwache Seite. Wie schön wäre es doch, wenn sein Nachbar noch da wäre. Er beginnt zu hadern, warum der Blitz ausgerechnet in seinen Nachbarn einschlagen musste. Es gibt noch mehr Bäume im Park. Er hat Angst vor dem langen, harten Winter, den er jetzt alleine durchstehen muss. Er seufzt, fühlt sich einsam. Warum konnte der Blitz nicht sie beide treffen? Nie mehr würde er so einen Nachbarn finden, mit dem er alles teilen konnte. Nie mehr könnten er und sein Nachbar über gemeinsame schöne Stunden sprechen, die sie beide erlebt hatten. Hätte er am Ende seine Äste weiter zu seinem Nachbarn hinstrecken sollen, dass der Blitz auch ihn hätte treffen können ? So quälte er sich mit Schuldgefühlen, Ängsten und Verzweiflung. Die Sonne scheint wie immer und sendet ihre wärmenden Strahlen, doch er verspürt sie nicht. Es wurde Winter und er verbringt seine Zeit alleine. Er überlegt, ob dies wohl der Sinn des Lebens sei. Eines Tages, als er wieder einmal grübelte, kam ihm die Idee, dass er sich im nächsten Frühjahr sehr anstrengen könnte, besonders die Äste seiner schwachen Seite wachsen zu lassen. Er könnte versuchen, die leeren Stellen, die der Nachbar mit seinen Ästen ausgefüllt hatte, zu füllen. Er hatte ja jetzt mehr Platz, sich auszubreiten. Er musste keine Rücksicht mehr nehmen und hatte Nahrung für zwei.

So begann er, all seine Energie darauf zu verwenden, die Lücke, die sein Nachbar hinterlassen hatte, allmählich zu füllen. Ganz vorsichtig ließ er neue Äste wachsen. Es dauerte, aber er hatte ja Zeit. Und manches Mal war er sogar ein bisschen stolz darauf, alleine gegen Kälte und Wind anzukämpfen. Er wusste, dass es nie mehr so sein würde wie früher, aber wenn der Nachbar jetzt noch einmal kommen würde oder gar ein neuer Nachbar, hätte er nicht mehr soviel Platz zur Verfügung wie früher. Eines wusste er genau; er würde den alten Nachbarn nie vergessen, denn er hatte ja die ersten 5o Jahresringe mit ihm gemeinsam verbracht. Zu jedem Jahresring konnte er gemeinsam erlebte Geschichten erzählen. Zu den letzten drei Jahresringen hatte er zu erzählen, wie er gelernt hatte, alleine zu leben, seinen Ästen eine neue Richtung zu geben und seinen Platz im Park neu zu gestalten.

Verfasser unbekannt

Nachtoderfahrungen

Nachtoderfahrungen, Ereignisse bei denen wir denken/ glauben/ wissen, da war unser Verstorbener bei uns.

Ein heikles Thema. Die einen schütteln den Kopf darüber und sagen: „das gibt es gar nicht". Andere glauben es könnte vielleicht eventuell etwas geben. Andere, und zu denen zähle ich mich, wissen dass sie bei uns sind. Nicht mehr zum Anfassen und leider auch nicht zum direkt sprechen, aber sie sind da.

Wenn man das Wort „googelt" bekommt man viele Geschichten von Menschen, die ihre Erlebnisse schildern. Es gibt Bücher die Nachtoderfahrungen beschreiben und auch ich könnte, wenn ich alle aufzählen würde, ein Buch füllen.

Ich möchte allerdings nur einige Beispiele aufführen.

Die erste war am Tag nach dem Tod von Dieter. Ich war verzweifelt, am weinen und meine Kinder wollten mich trösten indem sie sagten, dass er doch noch bei uns ist. Ich wurde wütend und sagte: „Wo denn? Ich sehe ihn nicht". Daraufhin standen sie wortlos im Flur und ich ging duschen. Als ich wieder nach unten kam und in das Wohnzimmer ging war es dort sehr warm und die Heizung richtig heiß. Ich fragte meine Kinder wer denn die Heizung angemacht habe. Sie kamen alle drei ins Wohnzimmer und waren sprachlos. Es hatte keiner die Heizung angemacht. Konnte auch gar nicht, weil die Heizung im Keller wegen

Sommer ausgestellt war.

Im Sommer des Jahres 2014 wurde unsere Heizung oft warm. Besonders wenn ich allein war oder auf dem Friedhof verzweifelt gefragt habe, ob er noch bei mir ist.

In einem Lied von Juliane Werding heißt es: „unsichtbar bin ich immer noch da, bin der Wind…"

Ich war/ bin achtsam und wunderte mich darüber, dass Abend für Abend wenn ich im Garten saß ein Schmetterling immer an der gleichen Stelle im Baum saß, als ob er beobachte. Als ich einmal Besuch hatte stellte die Frau fest, es wäre als wenn er zuhört. Ich denke es war so. Irgendwann machte ich abends Kreuzworträtsel im Garten, da setzte sich der Schmetterling auf meinen Oberschenkel…

Mein zweiter Geburtstag nach „Tag X" stand an und ich hatte überlegt, dass ich zumindest ein paar Freundinnen zum Kaffee einlade. Am Abend vorher wurde ich wieder unsicher. Ist das richtig?

Meine Kinder und mein ebenfalls verwitweter Freund waren zum „anfeiern" da. Ich weinte und sagte: „Was soll das, wenn er mir doch nicht gratuliert?". Im Hintergrund lief das Radio und ich stutze plötzlich. Es lief das Lied „Die Rose", ein Lied das meinem Mann und mir etwas bedeutet hat…Es war Mitternacht… und alle waren sicher, dass ich die erste Gratulation bereits erhalten habe. Und ich konnte mit meinen Freundinnen Kaffee trinken.

Vergangenes Wochenende verbrachte ich mit meinem Freund in einem Hotel an der Nordsee.
Am Samstag Abend saßen wir in der Hotelbar. Es wurde Musik gespielt, einige tanzten.
Ich sagte: „Ok, lass es uns auch mal wieder mit tanzen versuchen". Er jedoch meinte, er sei noch nicht so weit. Es gäbe ein Lied, wenn das käme, würde er tanzen kommen. Welches Lied er meinte sagte er mir nicht. Ich drehte mich zu der Musikbox und sagte: „Na dann spiele mal das Lied". Anschließend ging ich zu bekannten Klängen aus den 80ern auf die Tanzfläche. Das übernächste Lied war mir dann gänzlich unbekannt und ich wollte gehen, nur in dem Moment kam mein Freund auf die Tanzfläche. Nun kann man sagen Zufall, aber wir glauben unsere beiden da oben wollten, dass wir zusammen tanzen. Und wie viele Lieder gibt es und dieses Lied passte überhaupt nicht in die Playlist…

Eine bekannte Witwe war bei einem Versicherungs-vertreter und wollte etwas für die Altersvorsorge unterschreiben, als ein Handy klingelte. Der Vertreter hatte kein Handy im Raum. Meine Bekannte hatte ihres ausgeschaltet. Das Klingeln brachte sie dazu einen für sie ungünstigen Vertrag nicht zu unterschreiben.
Eine andere Bekannte erzählte, dass wenn sie fragt ob ihr Mann noch bei ihr sei, plötzlich die Wanduhr im Wohnzimmer zwei Stunden vorgeht.

Eine weitere hat seit dem Tod ihres Mannes keine

Probleme mehr mit der Parkplatzsuche. Sie ist nie gern weite Strecken gefahren. Wenn sie dies jetzt muss sagt sie vorher: „Aber bitte hilf mir dass ich einen Parkplatz bekomme".

Diese Erfahrung kann ich auch bestätigen. Aus gesundheitlichen Gründen bin ich auf einen Parkplatz in der Nähe angewiesen. Früher hat mich mein Mann meistens zu den Ärzten, bei denen es nicht leicht ist, einen Parkplatz zu finden, gefahren. Als ich nun zum ersten Mal fahren musste, hab ich gesagt: „Du weißt ich kann nur hin, wenn ich da einen Parkplatz finde". Was soll ich sagen, bisher habe ich jedes mal einen gefunden.

Eine Trauernde erzählte davon, dass wenn sie im Haus ist und in Gedanken mit ihrem verstorbenen Mann redet, in letzter Zeit immer genau dann die Sicherung raus springt.

Und erst gestern sagte eine ältere Frau, dass sie oft das Gefühl habe ihr Mann sei mit ihr im Zimmer. Sie könne nicht genau beschreiben wie sie es merkt. Nur sie hätte dann das Gefühl ganz ruhig zu werden und eine innerliche Wärme zu spüren. Wie in jeder Beziehung gab es auch in ihrer mal Streit und sie hat das Gefühl, wenn er noch zu ihr kommt, nehme er es ihr nicht übel.
Nur einige Vorkommnisse, Auffälligkeiten, wie gesagt ich könnte die Liste um einiges verlängern. Aber mir geht es nicht nur darum ihnen meine Erlebnisse mitzuteilen sondern vor allem darum, sie dazu zu animieren

aufmerksam zu sein.
Auf den Schmetterling, auf den Vogel der nicht weg fliegt,
auf die Sicherung...

Ob man es als Zufall, Einbildung oder als Geschenk unserer
Verstorbenen betrachtet kann dann nur jeder für sich
entscheiden.

Wasserlarven und Libellen

Tief unter der Wasseroberfläche eines kleinen ruhigen Reiches lebte eine kleine Gruppe von Wasserlarven, wie in einem kleinen Dorf. Es war eine glückliche Dorfgemeinschaft, weit weg von der Sonne. Während vieler Monate waren sie sehr geschäftig, krabbelten und wuselten durch den weichen Schlamm am Boden des Teiches.

Von Zeit zu Zeit beobachteten sie, dass immer wieder die eine oder andere von ihnen das Interesse an der Gruppe, zu verlieren schien und offenbar mit den alten Freundinnen nichts mehr zu tun haben wollte. Sie kletterte dann an dem Stängel der Wasserlilie empor, verschwand durch die Wasseroberfläche und wurde nie mehr gesehen. Eines Tages machte sich wieder eine auf den Weg. „Schau", sagte eine der zurückgebliebenen Larven, „da klettert wieder eine von uns am Lilienstängel hoch. Wohin glaubst Du, wird sie gehen?" Die Larve kletterte immer höher, und schließlich konnte man sie nicht mehr sehen. Die Freundinnen warteten und warteten, aber sie kehrte nicht zurück. „ Das ist aber merkwürdig", sagte eine Larve, „war sie nicht glücklich hier? Was glaubt Ihr, wohin sie geht?" Keine hatte eine Antwort, alle waren ziemlich ratlos.

Schließlich rief eine, sie war so etwas wie die Anführerin, alle Larven des Dorfes zusammen und sagte: „Ich habe eine Idee. Wir versprechen uns gegenseitig, dass die nächste von uns, die den Stängel hinaufklettert, wieder zurückkommt und erzählt, wohin sie ging und warum". So geschah es.

An einem Frühlingstag, nicht lange danach, merkte dieselbe Larve, die den Vorschlag gemacht hatte, wie sie selbst plötzlich den Stängel empor kletterte. Irgend etwas – sie konnte es sich nicht erklären – trieb sie immer weiter nach oben. Noch bevor sie erfasste, was eigentlich geschah, gelangte sie durch die Wasseroberfläche und fiel in ein breites grünes Lilienblatt.

Als sie aufwachte, schaute sie überrascht um sich. Sie konnte nicht glauben, was geschah: ihr alter Körper veränderte sich auf eine merkwürdige Weise, sie bekam viele silbrige Flügel und einen langen Schwanz. Als sie sich schüttelte, fühlte sie einen unwiderstehlichen Drang, die Flügel zu bewegen. Die wärmende Sonne trocknete schnell die noch anhaftende Nässe – und plötzlich flog sie über dem Wasser. Sie war eine Libelle geworden.

Sie flog auf und ab in großen Kurven, und sie fühlte sich wunderbar in ihrer neuen Umgebung.

Nach einer Weile landete sie auf einem Lilienblatt, um sich auzuruhen. Und da sah sie auf den Boden des Teiches. Oh, sie war genau über ihren alten Freundinnen, den Wasserlarven. Und sie konnte sehen, wie sie durch den Schlamm krabbelten, so, wie sie selbst es noch bis vor kurzem getan hatte. Und da erinnerte sich die Libelle an das Versprechen, das sie sich gegenseitig gegeben hatten: die nächste, die den Stängel empor klettern würde, sollte zurückkehren und den anderen erzählen, wohin sie gegangen waren und warum.

Ohne lange zu überlegen startete sie nach unten, prallte auf das Wasser und wurde zurückgeschleudert. Und sie merkte, dass sie als Libelle nicht mehr ins Wasser zurück konnte.

Ich habe es versucht, dachte sie, aber ich kann mein Versprechen nicht halten; und selbst wenn ich dort unten ankäme, sie würden mich nicht mehr erkennen. Ich denke, ich muss warten, bis jede von ihnen den gleichen weg geht und ebenfalls zur Libelle wird. Dann werden sie verstehen, was geschah und wohin ich gegangen bin.

Und die Libelle schwang sich glücklich in ihre wundervolle neue Welt aus Sonne und Luft empor.

Verfasser unbekannt

Aus dem Englischen übersetzt

(Copyright des Originaltextes 1992 The Pilgrim Press)

Trauerarbeit

Die Wissenschaft spricht bei Trauerarbeit von verschiedenen Stufen die wir durchlaufen sollen/müssen. Ich werde diese Stufen im Verlauf dieses Kapitels kurz vorstellen, möchte allerdings auch hier eher erzählen, wie es mir bzw. Bekannten ergangen ist.

Zunächst einmal hören wir alle oft den Satz: „Das erste Jahr, du musst nur das erste Jahr schaffen." Und dann??? Ist dann alles wieder gut? Leider nicht. Es wird nicht mehr wie vorher. Für viele wird das zweite Jahr (so auch für mich) sogar schwerer. „Du musst nur das erste Jahr schaffen." Ok, ich halte mehr oder weniger ein Jahr die Luft an, halte alles aus und dann...
Dann wird einem klar, es bleibt jetzt für immer so. Ich werde nie wieder Weihnachten oder Geburtstag mit meinem Mann verbringen bzw. feiern. Und mit dieser Klarheit beginnt noch einmal eine andere Art des Verabschiedens. Es geht nicht um das erste Jahr, es geht darum, einen neuen Weg für das eigene Leben zu finden.

Wir sind alle unterschiedlich, hatten alle unterschiedliche Beziehungen.
Wir gehen unterschiedlich mit dem Verlust, dem Alleinsein um.
Jeder muss seinen Weg finden.

Eine Frau die immer zu Hause war, sich nie um Bankgeschäfte oder die Ölbestellung gekümmert hat, wird noch mal ganz andere Probleme haben als die Frau, die immer berufstätig war und sich auch zuhause alle Aufgaben mit dem Mann geteilt hat.

Ein Mann der sich nie mit Haushalt beschäftigt hat steht hier vor vielen neuen Aufgaben.

Was wir aber alle zu leisten haben ist die Trauerarbeit. Auch diese ist wieder unterschiedlich. Nur alle müssen wir sie in einem gewissen Umfang leisten. Trauerarbeit nicht zu leisten bedeutet verdrängen und dies bedeutet, dass man irgendwann von der nicht bearbeiteten Trauer eingeholt wird.

Trauer ist nicht bei jedem gleich, jeder geht anders damit um. Für jeden ist etwas anderes richtig. Der eine kann sich keine Bilder des Verstorbenen ansehen, der andere stellt überall Bilder auf.
Einer sortiert ganz schnell die Kleidung aus, bei einem Anderen hängt sie jahrelang weiter im Schrank.

Was wir uns klar machen müssen ist, es gibt kein falsch oder richtig in der Trauer. Alles ist richtig. Alles wobei wir merken, es geht uns etwas besser.
Ich habe in einem Kapitel geschrieben, dass ich über sechs Monate mein Bett nicht bezogen habe. Wenn mir dies früher jemand gesagt hätte, ich hätte es nicht geglaubt.

Aber zur Zeit des Abschiednehmens war es für mich richtig. Und ich allein habe entschieden wann es Zeit war, mich von der Bettwäsche zu trennen.

Schwarz anziehen oder nicht, auch eine Frage die immer wieder auftaucht. Früher habe ich gesagt: „Das ist doch nur Kleidung und sagt nichts über die Trauer aus". Nach dem Tod von Dieter konnte ich sehr sehr lange nichts anderes als schwarze Sachen anziehen. Sobald ich es mit Farbe versucht habe, war es als ob diese auf der Haut brennt. Vor Dieter habe ich überwiegend schwarz und dunkelblau angezogen. Er brachte die leuchtenden Farben grün, orange oder rot. Nach Dieter erst nur Schwarz, inzwischen auch wieder Farben, aber irgendwo ist immer etwas Schwarzes dabei. Und meine Lieblingsfarbkombination ist zur Zeit Schwarz für die Trauer und Rot für das Leben.

Soll es ein Kapitel geben in dem es darum geht, was gut tut und was nicht gut tut, war die Frage. Zunächst habe ich gedacht es sei wichtig und dann doch wieder gemerkt, jeder empfindet es anders. Was jedoch alle mit denen ich gesprochen habe einheitlich als nicht gut oder förderlich empfunden haben, war die Bevormundung von anderen. Wenn andere meinen zu wissen, wie man sich fühlen und wie verhalten soll.
In Bezug auf die schwarze Kleidung fällt mir dies besonders wieder ein. Wie viele haben gesagt, es ist Zeit die schwarze Kleidung abzulegen. Oder aber das Dieter nie gewollt

hätte, dass ich schwarz trage. Ja er hätte mich nicht in schwarz sehen wollen, nur er war nicht mehr da, jetzt ging es um mich und ich konnte Farbe an mir nicht sehen. Für mich war die schwarze Kleidung Zeichen der Trauer und Schutz vor der Außenwelt.

Ich habe im Bezug Kleidung auf meine Empfindungen gehört, danach gehandelt.

Das zweite, was alle einheitlich empfunden haben, war die Mitteilung von „Freunden": „Meld´ dich einfach wenn was ist."

Echte Freunde, so habe ich es zumindest erlebt, melden sich von sich aus. In der ersten Zeit der Trauer ist man nicht in der Lage sich zu melden und um Hilfe zu bitten.

Was fast allen gut tat, war gezielt abzustürzen. Gezielt abstürzen, was bedeutet das, werden sie jetzt vielleicht fragen. Am Anfang der Trauer rollen die Tränen oft einfach so und nach einiger Zeit versiegen sie und man fühlt sich irgendwie erleichtert. Dann aber kommt irgendwann die Phase, in der sie nicht mehr so leicht rollen, dafür wird es im Bauch immer schwerer. Es fühlt sich an wie ein Stein der immer größer wird und einem die Luft zum atmen nimmt.

Dann bewusst die Musik hören, bewusst den Text lesen, das Bild ansehen bei dem man weiß, der Verlust wird sofort deutlich spürbar. Die Tränen werden laufen und danach geht es eine Zeit besser.

Ich möchte sie ermutigen ihren Weg zu gehen. Hören sie auf ihr Bauchgefühl und lassen sie sich von niemandem sagen was sie tun müssen. Sie müssen gerade nur tun was gut für sie ist.

Ich möchte ihnen noch ein Beispiel erzählen, bei dem ich die Leute zum nachdenken und reden gebracht habe.
Die Grabgestaltung meines Mannes stand an, da hat mein Sohn zu mir gesagt: „Mama pflanze nicht nur Blumen, du warst für die Blumen aber Dieter für die Kräuter." Er hatte Recht. Dieter hat immer Tomaten geliebt. In diesem Sommer nun hatte sich eine Tomatenpflanze bei uns im Garten ausgesät wo sonst nie Tomaten wachsen. Ich nahm sie und pflanzte sie auf das Grab meines Mannes, zusammen mit einigen Blumen, Thymian und Petersilie.
Was soll ich sagen, das Grab wurde zum Anziehungspunkt. Es wurde diskutiert ob überhaupt Tomaten auf einem Grab stehen dürfen und irgendwann wurde ich auch direkt gefragt, was die Tomate da soll. Ich habe es erklärt. Seither steht jedes Jahr eine Tomate auf dem Grab. Ich versuche es so zu machen wie es meinem Mann gefallen hätte. Und mein Sohn hatte Recht, da ist eine Tomate auf jeden Fall besser als Geranien und Erika.
Und ich habe Dieter am Anfang des Buches beschrieben, ich bin sicher er hat sich das von oben angeguckt und sich köstlich über die Leute, die die Tomate bestaunen, amüsiert.
In einem anderen Kapitel habe ich davon erzählt, dass ich mein Brot am Grab mit den Vögeln geteilt habe. Als ich

wieder arbeiten ging und nicht mehr so lange Zeit am Grab verbringen konnte, habe ich Brot auf die Umrandung gelegt, damit die Vögel kommen. Besucher wenn ich nicht da sein kann. Auch etwas was die anderen Leute zum Nachdenken brachte bis hin zu der Frage, wo in der Bibel stehen würde, dass man Brot hinlegen soll.
Nirgendwo, aber es war mein Gefühl, dass Dieter sich freut wenn „Besucher" kommen.

Noch mal, finden sie ihren Weg. Recht machen können wir es den anderen sowieso nicht. Wenn sie reden möchten, finden sie immer etwas.

Die wissenschaftliche Erklärung der Trauerarbeit spricht davon, dass wir mehrere Stufen durchlaufen.

1. Das nicht wahrhaben, die Leugnung, der Schock

2. Wut, Zorn, Angst, Depression, Niedergeschlagenheit

3. Suchen, finden, trennen

4. Die Akzeptanz, Neubeginn.

Ich kann aus meiner Erfahrung sagen, ja man erlebt diese Stufen. Aber nicht so getrennt wie hier angegeben. Für mich hört sich die Beschreibung ein bisschen so an, als ob man nacheinander die vier Stufen durchlaufen bzw. abarbeiten muss. So war es allerdings bei mir nicht.

Am Anfang stand wie beschrieben auch bei mir dieses nicht wahrhaben. Allerdings taucht dieses, wenn auch nicht so oft oder so stark, auch jetzt immer noch einmal auf.

Stufe zwei, ein wildes Chaos der Gefühle. Auch dies habe ich beschrieben, ich wollte das Kreuz meines Mannes um treten, weil ich so wütend war, dass er mich alleine gelassen hat. Auch jetzt spüre ich oft noch Wut. Dann wieder tiefe Verzweiflung oder Hoffnungslosigkeit. Ich nenne es die Achterbahn der Gefühle. Hier kann ich sagen, dass die Berg- und Talfahrten bisweilen immer noch da sind, bei weitem aber nicht so stark wie im ersten Jahr.

Gerade noch ganz normal unterhalten und dann kam ein Stichwort, damit verbunden Erinnerungen und Tränen. Es ist unberechenbar, denn es ist kein festes Wort, keine einheitliche Situation. Und das Wort dass es heute ist, können wir morgen vielleicht hören ohne dass es eine Reaktion auslöst.

Lassen sie es geschehen, Tränen laufen, Erinnerungen kommen, jede zurück gedrückte Emotion kommt zurück.

Und lassen sie auch die Wut zu. Wir haben alles Recht wütend zu sein.

Auch Selbstmitleid ist berechtigt.

Wir gehen Schritt für Schritt allein einen neuen Weg. Schaffen damit Akzeptanz und gehen doch auch immer wieder ein paar Schritte zurück, so dass Trauerarbeit für mich ein ständiger Wechsel zwischen den Stufen ist.

Die Häufigkeit der Stimmungswechsel und deren Intensität

verändern sich im Lauf der Zeit.

Trauerarbeit heißt lernen mit dem Verlust zu leben, Erinnerungen zu sichern, zu bewahren. Auch hier findet jeder seinen eigenen Weg. Ich habe in der ersten Zeit ganz viel geschrieben. Mir wichtige Ereignisse in unserem Zusammenleben aufgeschrieben. Während ich hier diese Zeilen in den Computer tippe, habe ich mir die Hefte dazu geholt. Teils kamen Tränen, teilweise musste ich schmunzeln…

Das Lieblings-T-Shirt, Handtuch, die Brille, den Personalausweis, sprich wichtige Sachen meines Mannes, habe ich in einer Schatzkiste verstaut. Und an besonderen Tagen öffne ich diese Schatzkiste nur für mich. Mein Enkel, der ja bei Oma schon viel darf, wollte irgendwann einmal die Schatzkiste aufmachen, hat er dann von mir verboten bekommen. Vielleicht irgendwann gucke ich mit ihm die Sachen von Opa Dieter an, heute brauche ich diese Dinge und Zeit noch für mich allein.

Unsere Familie, Freunde und Bekannten habe ich in ein Erinnerungsbuch schreiben lassen. Hier konnten sie aufschreiben was ihnen von Dieter bleibt, was ihnen an ihm wichtig war.

Auch hier die Bitte an sie, finden sie ihren Weg mit Erinnerungen.
Eine Nachbarin, die ihre Tochter verloren hat, sagte mir ich

soll backen, dass würde helfen. Also habe ich am Anfang gebacken und gebacken und viele haben sich über geschenkten Kuchen gefreut. Und mir hat die Arbeit in der Küche wirklich gut getan. Bis heute ist kochen und backen etwas was meiner Seele gut tut, was mir hilft.

Jedem der die Möglichkeit hat würde ich den Besuch einer Trauergruppe empfehlen. Der Austausch mit anderen, das Merken: „Ich bin nicht die Einzige, die einen Verlust erlitten hat." Das gemeinsame schweigen und weinen hat mir zumindest sehr geholfen. Menschen die meine Sprache sprechen.

Ich habe es bereits geschrieben, möchte es aber gern auch noch einmal tun. Ohne die Internetseite von „jung verwitwet.de" wüsste ich nicht wo ich heute bin. Das Wiedererkennen von Gefühlen durch Lesen im Forum oder der Austausch im Chat hat mir über die schlimmste Zeit geholfen. Und die Leute die ich durch diese Seite kennen gelernt habe möchte ich nicht mehr missen.

Als mein Mann 1,5 Jahre verstorben war traf ich im Gottesdienst am Totensonntag eine Bekannte die mich fragte, was ich in diesem Gottesdienst mache. Ich erzählte es ihr. Sie selbst ist seit fast 40 Jahren verwitwet. Sie nahm meine Hand und sagte, dass ich diese Gefühle bis an mein Lebensende bei mir behalte. Ich denke sie hat Recht.
Gerade schlage ich mich mit einer Erkältung herum und weiß beziehungsweise hoffe, nächste Woche ist sie

vergessen.

Die Trauer werde ich nicht vergessen. Es ist keine Krankheit die nach einiger Zeit komplett geheilt ist. Es ist eine Wunde, eine Lücke die zwar verheilt, aber die Narben bleiben und schmerzen immer wieder einmal.
Nur nicht mehr ganz so viel wie ganz am Anfang.

Es gibt eine Geschichte von der Trauer. Zuerst ist sie ein Felsbrocken. Man kann sie nicht wegrollen, aber sie wird kleiner. Aber ein kleines Stück Stein behält man für immer in der Hosentasche...

Was ist Sterben?

Ein Schiff segelt hinaus und ich beobachte wie es am Horizont verschwindet.
Jemand an meiner Seite sagt: „Es ist verschwunden.“
Verschwunden... wohin ?
Verschwunden aus meinem Blickfeld – das ist alles.
Das Schiff ist nach wie vor so groß wie es war als ich es gesehen habe.
Dass es immer kleiner wird und es dann völlig aus meinen Augen verschwindet ist in mir,
es hat mit dem Schiff nichts zu tun.
Und gerade in dem Moment, wenn jemand neben mir sagt, es ist verschwunden, gibt es Andere, die es kommen sehen, und andere
Das ist sterben. Stimmen, die freudig Aufschreien: „Da kommt es!“

Charles Henry Brent

Neuanfang

Ich weiß nicht ob Neuanfang zunächst das richtige Wort ist. Eigentlich blieb ja oberflächlich gesehen erst einmal alles gleich. Das Umfeld, die Arbeit und dennoch war eine komplette Neuorientierung erforderlich, weil eben der eine wichtige Mensch fehlt.

Neuorientierung nicht nur in den Punkten in denen der Mensch emotional fehlt, sondern auch in ganz praktischen Dingen.

Bei uns war es so, dass mein Mann 17 Jahre fast komplett die Küche und Wäsche übernommen hat.

Hier mussten wir einen neuen Rhythmus finden, Zuständigkeiten neu verteilen. Ich merkte, dass es doch einige Zeit dauerte bis mir das würzen wieder gelang.

Auch im Bereich Haushalt gibt es allerdings eine Tätigkeit die ich fast vollständig eingestellt habe. Das bügeln. Auch diese Arbeit hatte Dieter übernommen. Und wenn ich das Bügelbrett aufstellen will dann sehe ich ihn, wie er konzentriert und ganz bei seiner Arbeit unsere Wäsche bügelt. Ich betone dies konzentriert und aufmerksam so, weil dies auch ein großer Unterschied zwischen uns war. Ich bin bei meinen Arbeiten immer schon zwei Schritte voraus. Er war wo er war.

Tja Bügelbrett, ich habe gemerkt die meisten Sachen sehen auch ungebügelt gut aus und für die Examensprüfung meines Sohnes habe ich eine Ausnahme gemacht.

Auch unser Hund musste sich umstellen. Er war es gewohnt, dass mein Mann immer bei ihm war. Jetzt musste er die Zeit, in der die Kinder in der Uni und ich auf Arbeit war, allein verbringen. Zum Glück fanden sich nette Nachbarn, die ihn dann auch mal in den Garten ließen.

Frühere Alltäglichkeiten bedurften also der Organisation.

Ein Wasserschaden im Keller brachte mich dann an den Rand der Verzweiflung. Ich hatte mich damit nicht befasst und wollte es auch jetzt nicht. Aber es half nichts, ich musste. Es war wie verhext, denn auf den ersten folgte bald ein zweiter und diesmal war ich dann schon in der Lage dem Klempner ein „Stopp" zu der überhöhten Materialrechnung zu geben.

Wasserschaden, Auto um- und abmelden... Arbeiten, die sonst der Mann machte, mussten erledigt werden und irgendwie ging es.
Wie in einem anderen Kapitel gesagt, hier stehen Männer evtl. vor der Schwierigkeit wie Wäsche waschen oder kochen.
Schwieriger als der Neuanfang bei der Übernahme der praktischen Tätigkeiten war der bei dem Umgang mit der freien Zeit.
Ein sonst lang ersehntes Wochenende wurde jetzt zur Hölle. Hatte ich früher die Stunden bis zum Beginn des Urlaubs gezählt, hätte ich ihn jetzt am liebsten verfallen lassen.

Auch hier hieß es sich etwas einfallen zu lassen. Zum Glück hatte ich Freundinnen die einiges mit mir unternommen haben.

Im ersten Sommerurlaub haben mich zwei meiner Kinder und mein Enkel begleitet. Wir fuhren an die Nordsee, dem Lieblingsurlaubsziel meines Mannes und mir. Noch im April 2014 waren wir eine Woche dort gewesen. Mein Mann und ich waren in den letzten Jahren immer an den Ort gefahren, den ich schon als Kind besucht habe. Bewusst wählten wir diesmal einen anderen Ort und dennoch sträubte sich zunächst alles in mir und ich dachte, ich muss mich von der Nordsee für immer verabschieden. Als wir an der Nordsee waren, setzte ich mich eine Zeit allein auf die Mole und redete in Gedanken mit meinem Mann. Es flossen viele Tränen, aber das Gefühl änderte sich. Ich kann und darf weiter an die Nordsee reisen, mich an ihr erfreuen, bei manchen Erinnerungen an vergangene Urlaube lächeln und bei anderen etwas traurig werden. Es gibt allerdings im Ferienort eine Kneipe, in der wir besonders schöne Abende hatten, diese werde ich nie mehr besuchen und beim Vorbeigehen werde ich jedes mal traurig.
Im letzten Jahr waren wir mit allen Kindern und Schwiegerkindern an diesem alten Urlaubsort. Auch hier ein Wechselbad der Gefühle, aber insgesamt ein positives Erlebnis.

Eine befreundete Clique (Pärchen und Singles) fuhr mit mir

ein verlängertes Wochenende weg und mein ziemlich neu gelerntes Abgrenzen war gefordert, da auch in dieser Gruppe einige wussten was gut für mich ist. Nein, ich wollte nicht mit allen ins Schwimmbad, mein Bauch hat gesagt: „Du brauchst gerade mal Ruhe und musst alleine sein". Also alleine spazieren an einem Kurort. Überall Mitbringsel und dann die Überlegung: „Was bringst du denn Dieter mit?", bis klar wurde: „Ich kann ihm kein Mitbringsel geben". Ich habe dann im Park einen Stein aufgehoben und mitgenommen.

Wieder zuhause habe ich neben das Bild von Dieter ein Einmachglas gestellt, den Stein mit Fundort und Datum beschriftet und hineingelegt.

Ganz lange habe ich immer, wenn ich über Nacht weg war, für ihn einen Stein mitgebracht und mich gewundert, wie schnell das Glas voll wurde.

Meine Kartenrunde lebte wieder regelmäßig auf. Nach anfänglicher Befangenheit merkten wir auch hier den Einzug von Normalität.

Da ich durch den Besuch des Chats auf der Seite von „www.verwitwet.de" wusste ich, wie gut der Austausch mit anderen Betroffenen tut, versuchte ich mithilfe eines Artikels in unserer Ortzeitung die Gründung eines Trauerstammtisches in meiner Heimatstadt. Zum ersten Treffen kamen 15 Personen und es war ein Abend mit guten Gesprächen. Wir trafen uns über einen langen Zeitraum regelmäßig alle vier Wochen mit einer

Stammbesetzung von 8 bis 10 Personen. Was ich besonders schön fand, es war eine gemischte Gruppe. Dieser Stammtisch war mir sehr wichtig, ich freute mich immer auf die Treffen, gab es dort doch einen Platz an dem ich immer wieder erzählen durfte wie es mir gerade geht, warum ich manche Dinge nicht mehr tun kann.
Es gab Verständnis, da jeder für sich solche Dinge hatte.
Unser aller Veränderung wurde bei diesem Stammtisch deutlich sichtbar. Am Anfang drehten sich unsere Gespräche zu 100 % um die Trauer. Dann kamen Gespräche über Schwierigkeiten wie z.B. Rentenfragen, ein Autokauf oder ein Wohnungswechsel dazu und wir versuchten uns gegenseitig zu helfen. Und ohne das wir es zunächst bemerkten kamen schleichend andere Themen, einfach dies und das.
Aber auch hier passierte es , dass wir eben noch über irgendwas gelacht haben und plötzlich war absolute Stille am Tisch. Es war dann klar, jetzt brauchten wir einen Moment der Erinnerung.
Als wir uns ein Jahr trafen machte ich die Teilnehmer auf unsere Veränderung aufmerksam. Es war uns allen klar, wir konnten über unsere Trauer sprechen, wenn etwas akut anlag aber die Gespräche bei uns drehten sich jetzt meistens um etwas anderes.
Wir waren bereits einen guten Weg gegangen.

Insgesamt hatte ich in dieser Zeit so viele Verabredungen, dass ein Gefühl von „auf der Flucht sein" eintrat. Nur nicht ruhig alleine zuhause sitzen. Lieber nur Tasche ablegen, umziehen und wieder weg.

Es war sehr anstrengend und mir war klar, so geht es auf Dauer nicht.

Aber es sollte auch nicht so bleiben, sondern ein tatsächlicher Neuanfang eintreten.

Im Chat von „www.verwitwet.de" lernte ich einen Witwer in meinem Alter kennen.

Er gehörte zu der Gruppe, mit der ich mich fast jeden Abend im Chat unterhielt.

An einem Tag hatte ich jedoch ein sehr großes Problem, welches ich mit jemandem besprechen musste. Da meine Freundinnen hier nicht die richtigen Ansprechpartnerinnen gewesen wären hoffte ich auf Hilfe aus der Chat-Gruppe. Ich meldete mich zu einer ungewöhnlichen Zeit an und hoffte, dass irgendjemand kommen würde. Dieser Mann meldete sich an, hörte mir zu und half. Wir unterhielten uns den ganzen Abend allein, denn ausgerechnet an diesem Tag kam sonst keiner aus der Gruppe.

Einige Tage später stürzte dieser Mann dann emotional ab und er bekam meine Handy-Nummer.

Etwas was die Frauen der Gruppe längst ausgetauscht hatten. So konnten wir uns auch über „WhatsApp" verständigen. Nur dem Mann hatten wir unsere Handy-Nummer noch nicht gegeben. Gehört sich ja schließlich nicht. Nur spätestens jetzt, nachdem er mir so geholfen hatte und jetzt selber Hilfe benötigte, war es an der Zeit, dass er auch die gleiche Unterstützung erhielt.

Ab diesem Tag schrieb ich also mit einem Mann, Martin, bei „WhatsApp".

Ich habe unseren Chatverlauf nach einem Jahr ausdrucken lassen. Auch hier sieht man die Veränderung. Zu Beginn gab es nur das Thema Verlust und Trauer. Es gesellten sich dann Fragen zum Alltag oder zu den Kindern dazu und irgendwann war es auch hier mal dies und das.

Es kam wie es wohl kommen musste. Eines abends stellten wir fest, dass es Zeit für den nächsten Schritt ist und wir telefonierten. Stundenlang haben wir geredet und ich sehe noch heute die erstaunten Blicke meiner Söhne, als diese nach halb zwei nachhause kommen, bei mir in die offene Schlafzimmertür gucken und mich telefonierend im Bett sehen.

Uns ist klar, vor dem geplanten Treffen der Gruppe im Sauerland müssen wir uns kennen lernen. Also nehmen wir beide kurzentschlossen einen Tag Urlaub und er macht eine dreistündige Autofahrt in meine Heimatstadt. Was wir schon bei den Telefonaten bemerkt haben, bestätigte sich. Wir sind uns auf den ersten Blick sympathisch. Nachmittags stelle ich ihm meine Kinder vor. Auch hier ist sofort Sympathie.

Ich bin verzweifelt. Ich, die mir nichts sehnlicher als die Rückkehr ihres Mannes wünscht, findet einen anderen Mann sympathisch und das gerade mal ein halbes Jahr nach dem Tod des geliebten Mannes. Ich wehre mich verzweifelt aber erfolglos gegen die Gefühle.

Meine Kinder und Freunde sind froh und dankbar, dass Martin und ich uns gefunden haben. Sie sagen, dass sie nicht weiter gewusst hätten und dem Himmel dankbar sind, dass es so gekommen ist. Auch jetzt passieren Dinge, die ich dem Kapitel Nachtoderfahrungen beifügen könnte, die für Martin und mich eindeutige Zeichen unserer Lieben sind, dass sie die Verbindung gut heißen.

Wir sehen uns ab sofort fast jedes Wochenende. Gehen viel spazieren und reden über unsere Vergangenheit, aber auch über Gegenwart und irgendwann über Zukunft. Es ist so schön, hier ist jemand neues an meiner Hand und trotzdem darf Dieter noch mit dabei sein und ich so oft ich will über ihn erzählen. Sein Bild darf stehen bleiben.

Martin und ich haben uns durch das erlebte verändert. Wir versuchen anders zu leben, nichts mehr zu verschieben. Ein Beispiel, wir haben beide mal mit unseren Partnern überlegt, wie es mit einem Wohnmobil wäre. Es wurde verschoben auf später...

Gegen doch erst mal vorhandene Widerstände unserer Kinder kaufen wir zusammen ein gebrauchtes Wohnmobil und sind mit ihm seither im Sommer ständig unterwegs. Unser Waldi, benannt nach den Anfangsbuchstaben der Frau von Martin, Walburga, und denen von Dieter. So sind unsere zwei immer ein Stück dabei. Bis heute gehen wir auf all unseren Fahrten mindestens einmal in eine Kirche und entzünden 3 Kerzen. Eine für Dieter, eine für Walburga und eine für uns.

Es ist nicht leicht diese Beziehung zu leben. Auch hier gehen wir oft zwei Schritte vorwärts und dann wieder zurück. Ich habe Angst. Angst, die sich teilweise bis heute hält. Auf Beziehung einlassen heißt das Risiko eingehen, noch mal einen Abschied zu erleiden. Nur wie sieht die Alternative aus?

Bei unseren Kindern und im Freundeskreis finden wir zum Glück nur Unterstützung.

Vor beinahe zwei Jahren kommt es dann für mich zu einem echten Neubeginn.

Ich lasse zum ersten Mal mein Heimatdorf hinter mir und ziehe drei Stunden entfernt zu Martin.

Es bot sich hier kurzfristig eine Stelle, so dass ich für mich wahrscheinlich zum Glück nicht lange überlegen konnte.

Ein Neubeginn im Haus von Martin. Für mich nicht einfach denn ich sehe überall die verstorbene Frau von Martin. Fühle mich wie ein Besucher. Für ihn nicht einfach, denn er sieht überall seine verstorbene Frau und weiß, wie es damals war.

Es war ein schwieriger Weg und er stand oft vor dem Abbruch, aber ich denke, jetzt nach knapp zwei Jahren kann ich sagen, dass ich angekommen bin. Wir haben die Wohnung zu unserer Wohnung gemacht und trotzdem einen Platz für die Bilder unserer Lieben gefunden wo sie für uns und alle anderen immer sichtbar bei uns sind.

Abschied nehmen von den erwachsenen Kindern, Freunden, Arbeitskollegen, allem gewohnten und einem Grab war und ist nicht einfach. Dennoch sage ich heute mit etwas Abstand es war gut für mich in eine andere Umgebung zu gehen. In unserem Hexenhaus sehe ich Dieter überall. Spüre die Sehnsucht noch deutlicher. An meinem neuen Wohnort merke ich kann ich mich in der

Wohnung ohne Schatten aus der Vergangenheit bewegen. Meine große Angst den Kontakt zu den Kindern oder den Freunden zu verlieren hat sich zum Glück nicht bewahrheitet.

Inzwischen lerne ich auch hier die ersten Frauen zum mal Kaffee trinken oder Karten spielen kennen. Es ist ein anderes Leben als ich hatte, ruhiger, langsamer, aber ich bin auch eine andere.

Mein Mann hat Ringelblumen geliebt, sie wuchsen ohne dass wir sie aussäen mussten in unserem Garten. Letztes Jahr fiel mir auf, dass im ganzen Garten nicht eine Ringelblume mehr blüht.

Dafür war das hier im Garten von mir angelegte Blumenbeet übervoll mit gelben Ringelblumen, ohne das ich auch nur einen Samen geworfen hätte. Ich bin daher überzeugt, Dieter ist mit mir umgezogen.

Indianisches Gebet

Wenn ich nicht mehr da bin,
dann lasst mich los.
Lasst mich gehen,
ich habe so viele Dinge zu tun und zu sehen.
Weint nicht wenn ihr an mich denkt.
Seid dankbar für die schönen Jahre.
Ich gab euch meine Freundschaft.
Ihr könnt nur erahnen,
welches Glück ihr mir gegeben habt.
Ich danke euch für die Liebe die ihr mir jeder erwiesen
habt.
Jetzt ist es Zeit allein zu reisen.
Während einiger Zeit werdet ihr leiden.
Die Zuversicht wird euch stärken und euch Trost bringen.
Wir werden für einige Zeit getrennt sein.
Lasst es zu, dass gute Erinnerungen euren Schmerz
lindern,
ich bin nicht weit und das Leben geht weiter….
Wenn ihr es braucht, dann ruft mich und ich werde
kommen,
Auch wenn ihr mich nicht sehen oder berühren könnt,
ich werde da sein,
Und wenn ihr ein eure Herzen lauscht,
werdet ihr sie deutlich fühlen,
die süße der Liebe,
die ich euch bringe.

Und wenn es Zeit ist für euch zu gehen,
werde ich da sein um euch willkommen zu heißen.

Geht nicht an mein Grab um zu weinen,
ich bin nicht da,
ich schlafe nicht,
ich bin tausend Winde die wehen,
ich bin das Funkeln der Schneekristalle
ich bin das leuchtende Gold der Weizenfelder,
ich bin der sanfte Regen im Herbst,
ich bin das Erwachen der Vögel in der Morgenstille,
ich bin der Stern, der in der Nacht erstrahlt.

Geht nicht an mein Grab um zu weinen,
ich bin nicht da.
Ich bin nicht tot.

*(Ein indianisches Gebet über die Vergänglichkeit des
Lebens)*

Schlusswort

Wir wurden nicht gefragt. Nein, wurden wir nicht. Wir alle haben uns diesen Weg nicht ausgesucht.
Plötzlich war man allein.
Ich glaube wir alle würden es wünschen, dass es anders wäre, nur es geht nicht. Also heißt es die uns gestellte Aufgabe annehmen.

Ich musste diesen Weg gehen. Weiß, ich bin schon ein ganzes Stück gekommen, weiß aber auch, es kommen immer wieder Rückschläge. Der letzte war vor vier Wochen an meinem Geburtstag, an dem ich Verlust und Traurigkeit wieder besonders stark spürte. Heute weiß ich aber auch, dass ich aus diesen Tälern wieder schneller heraus komme.

Es war und ist nicht einfach, aber ich spüre auch, dass ich an einigen Punkten durch das Erlebte stärker geworden bin.

Die Michaela vor „Tag X" gibt es nicht mehr. Ich lebe heute bewusster. Bin vielleicht auch manchmal Spaßbremse weil ich nicht mehr über jeden hohlen Witz lachen möchte.
Es ist mir bewusster, unsere Zeit ist begrenzt und ich überlege genauer womit ich sie verbringe.
Familie und Freunde stehen an erster Stelle. Ich gehe auch zu Treffen bei denen man einfach gemütlich zusammen

sitzt und Smalltalk hält. Richtig nahrhaft aber sind Begegnungen, bei denen ich in Gesprächen Nähe spüre.
Dann, ich habe es schon geschrieben, habe ich die Stille entdeckt. Ich genieße es heute stundenlang alleine zu sein, in absoluter Ruhe, einfach mit mir. Manchmal male ich an solchen Tagen einfach so was mir in den Sinn kommt. Lesen, puzzeln, Handarbeiten oder einfach nichts machen. Es ist ganz egal, Hauptsache absolute Stille und ich merke wie ich auch ganz ruhig werde.

Mein Mann und die Trauer werden mich für immer begleiten. Einmal aus Erinnerung aber auch aus Dankbarkeit für die Hilfe die ich erfahren habe, habe ich eine Ausbildung zur Trauerbegleiterin gemacht und biete gemeinsam mit den Kirchengemeinden Trauergruppen in meinem Heimatort und am neuen Wohnort an. Ich denke, wenn damit nur einem Menschen geholfen werden kann, ist etwas erreicht. Persönlich merke ich, dass jede Gruppe auch mir weiterhilft.

Mein Enkel wird diesen Sommer 6 und kommt in die Schule. Ich hätte mir so gewünscht, dass Dieter dies erleben hätte dürfen. Dies oder den Studienabschluss meiner beiden Söhne. Früher war er als Erzieher oft verzweifelt, wenn gerade in der Pubertät unsere Erziehung so gar keine Erfolge zeigte. Aber heute weiß ich wäre er stolz wenn er sehen würde, wie sich die drei entwickelt haben, was für tolle Menschen da stehen. Und das sein eigener Sohn in seine Fußstapfen getreten ist, als Erzieher arbeitet und mir in der Pause schreibt, er würde gerade wie Dieter mit einer Tasse Kaffee und einer Zigarette vor der Tür stehen.

Ich glaube er wäre auch stolz auf mich und würde für den Weg den ich gegangen bin „gut gemacht Michel" sagen.

Und ich weiß irgendwie sieht er uns, hat noch Anteil an uns.

Die Geschichte die mir in der Trauer am meisten geholfen hat kommt nun ganz zum Schluss. Die Geschichte der alten Königin, welche Bilder sammelt.
Wenn ich etwas schönes sehe oder irgendwo neu hinkomme, bleibe ich einen Moment stehen und nehme bewusst das Bild auf. Ich sehe es mir für Dieter und mich an.

Ich wünsche Ihnen Arme die sie halten und Menschen die Ihnen zuhören.

Michaela Daum

Wofür es sich zu leben lohnt

Als sich herumspricht, dass die alte weise Frau, die schon so lange allein mitten zwischen ihren alten Büchern lebt, bald sterben wird, kommen Menschen von nah und fern, um ihr Fragen zu stellen: zum Leben, zum Sterben und zum Danach, was wohl nach diesem Leben kommt. Von ihr erhoffen die Suchenden Antworten auf die Fragen, die ihr Herz bewegen.

„Ich frage mich, wofür es sich noch zu leben lohnt", sagt eine Frau leise. „Meinen Partner musste ich zu Grabe tragen. Jetzt bin ich allein. Gemeinsam hatte das Leben Sinn. Nun gibt es kein Ziel mehr und nichts, wofür es sich noch zu leben lohnt."

Es scheint, als ob die traurige Frau diese Sätze eher zu sich spricht. Also antwortet die alte weise Frau nicht darauf, sondern erzählt diese Geschichte:

In einem fernen Land – lange vor unserer Zeitrechnung – war es üblich, dass, wenn ein König starb, seine Gattin mit ihm in den Tod gehen musste, als Gefährtin auf dem Weg ins Jenseits.

Also wurde die Frau des Königs mit ihrem Gatten begraben, unabhängig von ihrem Alter. Zwei Ausnahmen gab es für diese Regel. War die Frau sehr krank, so durfte sie weiter leben. Denn eine kranke Frau, so sagte man, könne dem König auf dem Weg ins jenseits keine Hilfe sein. Sie würde ihm sowieso bald folgen. Ebenso verhielt es sich, wenn die Frau geistig verwirrt war. Sie würde ihn belasten, sagte man. Also ließ man einer solchen Frau das Leben.

Es begab sich nun, dass ein junger König im Kampf schwer verletzt wurde. Er rang mit dem Tod, doch starb er nach einigen Wochen. Sein Gesicht war noch schmerzverzerrt, als er zu Grabe gelegt wurde. Als man seine Frau holen wollte, sie zu ihm ins Grab zu legen, musste man erfahren, dass der Schmerz um Krankheit und Verlust ihres geliebten Gatten ihren Geist verwirrt hatte.

Den größten Teil der Tage verbrachte sie damit, mit einem großen Korb durch den Palast, Straßen und über Felder zu gehen. Schier endlos betrachtete sie dabei die Pflanzen, den Sonnenuntergang sowie des Nachts die Sterne. Sie lächelte fremden Menschen zu und spielte mit Kindern auf der Straße. Einige behaupteten, man habe sie mit Tieren sprechen gehört.

Nein, diese Frau sollte nicht mit dem König gehen. So behielt sie ihr Leben.

Mit der Zeit vergaß man sie und den König.

Jahrtausende später stießen Forscher auf ein Grab aus jener Zeit. Als man es öffnete, fand man darin zwei mumifizierte Menschen: den Leichnam eines jungen Königs und neben ihm den Leichnam einer viel älteren Frau, die einen großen Korb umschlungen hielt. Man rätselte, wer die Frau sei, da Könige doch ihre Gattin mit ins Grab nahmen. Erst als man den Text auf der Schriftrolle entzifferte, die als einzige Beigabe im Korb lag, wusste man, wer hier ewige Ruhe gefunden hatte:

„Hier bin ich nun, mein Liebster. Ich habe den Weg vollendet, dessen ersten Abschnitt wir gemeinsam gingen. Denn schmerzerfüllt und mit leeren Händen wollte ich dir nicht folgen. Ich habe mir Zeit gelassen, die Sonnenstrahlen des Tages zu sammeln sowie das nächtliche Glitzern der Sterne, den Anblick wunderbarer Blumen, den Duft frisch gemähter Wiesen, die fragenden Blicke der Fremden und das lebendige Lachen der Kinder, auch Trauer und Trost, Einsamkeit und Erfüllung, Sehnsucht und Glück.

So kann ich dir nun viel von dem mitbringen, was dir nicht mehr vergönnt war. All das wäre für uns verloren gewesen, wenn ich nicht weiter durchs Leben gegangen wäre. Nun haben wir all dies für unseren weiteren Weg in die Ewigkeit."
Die Forscher, die das Grab geöffnet hatten, berichten, dass man im Gesicht des verstorbenen Königs deutlich ein Lächeln erkannte.

Als die alte weise Frau, die zwischen ihren Büchern sitzt, diese Erzählung beendet hat, bleibt es still. Über die Wangen einiger Zuhörer laufen Tränen.
Niemand sieht die Frau an, die mit ihrer Frage, welchen Sinn ihr Leben noch habe, diese Erzählung ausgelöst hat, bis plötzlich jemand sie spontan und lange umarmt.

Und von irgendwoher klingt ein „Danke" in den Raum.

Frank Maibaum

(„Liebe wird sein, Liebe was sonst!")

Danksagung

Ich danke meinen Kindern und meinem Lebensgefährten für die Begleitung und Unterstützung auf meinem Weg.
Meinem Sohn Markus für das Korrekturlesen. Verena für einen Satz zur richtigen Zeit.
Anni, Barbara, Carola, Conny und Helga für das Probelesen und Feedback zum Manuskript sowie die Bestätigung, das Projekt weiter zu verfolgen.
Meinen Freundinnen, die immer für mich da waren und mir auch heute noch zuhören, wenn ich von Dieter erzähle.
Herrn Pfarrer Dr. Warnemann, der immer ein offenes Ohr hat.
Familie Widdra für ihre herzliche Begleitung in der Trauergruppe.
„www.verwitwet.de" und alles was im Zusammenhang damit steht. Wo wäre ich heute ohne diese Hilfe?
Dank an all jene, die sich nicht bei der Berührung mit Trauer abgewandt haben und auch weiterhin verstehen, dass ich anders als vor meinem „Tag X" bin.

Michaela Daum
Juni 2019

Anhang

I. Quellen

http://www.zitate-und-sprichwoerter.com

https://www.silentunity.de

https://www.vielfaeltigwiedasleben.jimdo.com

http://www.zitate-und-weisheiten.de

http://www.trauerspruch.de

Sollten einzelne Beiträge keine Quellenangabe enthalten, so bitte ich den oder die Rechteinhaber/in, mich zu kontaktieren.

<u>II. Arbeiten mit der Trauer wie in der Trauergruppe</u>

Wie im Buch geschrieben, habe ich die Ausbildung zur Trauerbegleiterin gemacht. Mit einer Partnerin bzw. einem Partner bieten wir an verschiedenen Orten Trauergruppen an.
Diese Trauergruppen finden an jeweils sechs Abenden statt. Ich habe mir unterschiedliche Themen-schwerpunkte für die Stunden überlegt.
Sofern Sie sich die Themenschwerpunkte ansehen und durcharbeiten wollen, empfehle ich Ihnen dies mit einem/einer Vertrauten zu machen. Durch die Arbeit an den Themen kann es zunächst zu einer Verstärkung der Trauer kommen. Hier ist es einfach hilfreich, jemanden zur Seite zu haben.

Die erste Stunde der Trauergruppe dient lediglich dem Kennenlernen und Vorstellen. Es soll ein langsames Ankommen und Vertrauen in die Gruppe ermöglicht werden.

Die folgenden Stunden finden sich einzeln aufgeführt auf den nächsten Seiten.

Die zweite Stunde beschäftigt sich mit Scherben.
Bei uns allen ist das Leben ein Stück in Scherben gegangen. Ob der Tod plötzlich eingetreten ist oder nach

langer Krankheit. Irgendwann war der Punkt da, der geliebte Mensch war tot. Nichts war mehr wie vorher.
Nehmen sie sich einen Moment Zeit und überlegen sie. Was hat sich in ihrem Leben verändert? Was kommt nie wieder? Was fehlt ihnen?
Wenn sie möchten, schreiben sie es auf.
Sie können sich auch die Scherbe eines Tontopfes nehmen und darauf schreiben.

Die dritte Stunde beschäftigt sich mit Gefühlen.
Trauer, welche Gefühle gehören dazu? Traurig sein und weinen, ja klar. Aber gehört Selbstmitleid dazu? Wie ist es mit Wut?
Alle Gefühle sind richtig und haben ihre Berechtigung. Welche spüren sie?

In der vierten Stunde geht es um Hoffnung.
Wir beginnen mit der Geschichte der Rose von Jericho. Diese so unscheinbare vertrocknete Pflanze benötigt nur etwas Wasser um eine große grüne Pflanze zu werden.
Was brauchen wir und wo stehen wir in unserem Leben?
Wir arbeiten mit dem Bild eines Labyrinthes. Die meisten Leben verlaufen nicht geradlinig. Wir gehen ein Stück. Merken dann vielleicht „Nein, es ist doch nicht richtig!" und entscheiden uns um.
Wenn sie möchten, nehmen sie einen Stift und malen langsam den Weg eines Labyrinthes nach. Fühlen sie dabei

an welcher Stelle des Labyrinthes welches Ereignis war. Wo sind sie umgedreht? Wo sind sie heute? Wo haben sie bei ihren Tiefpunkten in der Vergangenheit Kraft her bekommen? Was brauchen sie heute?

In der fünften Stunde geht es um Erinnerungen.
Wir sehen uns Erinnerungsstücke an und hören die Geschichten dazu. Was ist ihr liebstes Erinnerungsstück? Welche Erinnerung verbinden sie damit? Vielleicht können sie es jemandem erzählen.
Wie erhalte ich Erinnerungen? Schaffe ich mir ein Erinnerungsbuch? Habe ich eine Schatzkiste, in die ich alles wichtige lege? Möchte ich eine Erinnerungswand in der Wohnung?
Fühlen sie in sich! Was brauchen sie an sichtbaren Erinnerungen?
Manchmal verändert sich der Umgang mit Erinnerungsstücken im Laufe der Trauerzeit.

In der sechsten Stunde geht es um die Zukunft.
„Wir sind geboren um zu Leben", heißt es in einem bekannten Lied von Unheilig. Ja und wir leben weiter, nur wie?
In der Gruppe arbeiten wir an dieser Stelle mit Lebenskarten. Die Teilnehmer suchen sich einen Satz heraus, bei dem sie denken, dieser Satz würde ihnen ihr Angehöriger jetzt sagen.
Als Alternative können sie Sinnsprüche googeln und sich

einen heraus suchen. Oder aber sie fragen jemanden, der den Angehörigen gut gekannt hat, nach einem Satz für sie. Wenn sie möchten schreiben sie diesen Satz auf.

Nachdem dieser Satz gefunden ist und wir darüber geredet haben, wie dieser im weiteren Leben Platz findet, suchen sich die Teilnehmer einen zweiten Satz. Was sagen sie sich selber für ihr weiteres Leben?

<u>**Raum für Notizen**</u>